目录
Contents

第一章　交际基本法:基础道理，必须遵从

第二章　交际语言艺术:语言是沟通的桥梁

第三章　交际心理学:交际能力根植于心理知识

第四章　交际约束力:随心所欲害人害己

第五章　交际应酬学:应酬是门艺术

>>> 前言

交际只是一种人与人之间的交往吗？对，但又不全对！交际除了是一种交往之外，更是一门学问，它有自己的一整套理论。这些理论被我们在人际交往中不知不觉地使用着，尽管我们不知道它们叫什么，不知道它们背后隐藏着什么样的心理玄机，但是它们的的确确存在于我们的生活中，而且给我们的生活带来影响。

如果我们能读懂它们、学好它们、熟练地运用它们，我们的人际关系就会变得焕然一新，我们的生活当然也会发生美好的变化。相反，如果我们懵懵懂懂，什么人情世故都一窍不通，人情世故背后隐藏的社会和心理因素都视而不见，那么显然我们就要吃亏了。在人际关系上吃了亏，生活还能顺心吗？

所以搞好人际关系是一件刻不容缓的事情，而要搞好人际关系就要先学交际学。不要以为它名字中带了一个“学”字就觉得它艰涩难懂，就对它望而却步。就像你初次见到一个陌生人那样，你将自己全副武装起来，生怕对方是个坏人或怪人，会欺负你、对你不利。可是接触之后你却发现，原来这个人很好、很平易近人。

是的，其实我们这本书的内容也是这样。别看它叫交际学，别看它由一大堆的学术名词组成，只要你翻开来读一读就会发现，原来它一点都不难，原来它这么平易近人呢！没错！这就是这本书最大的特点——生动有趣且平易近人！

读不懂生涩的术语没关系，我们会用最浅显、最简单的语言，给你呈现最生动、最有趣的理论知识。你会发现，原来那些奇奇怪怪的专属名词其实都是“唬人”的。道理嘛，已经全在你的生活当中了。你就是这些理论当中的人，理论中说的事儿就是你正在做的事儿，理论中人物的迷茫和困惑正是你人际交往当中的迷茫和困惑，理论中解决问题的方法也许就能让你灵光闪现，把大问题变成小 case！

其实你不懂交际学，因为它真的很简单。难，只是外衣，千万别被它的表象吓倒。如果你正在为艰难的学术用语发愁，那就打开这本书来看看吧，你会发现艰涩的东西原来也可以这么生动明了地被表达。而且它不仅仅只是一种空洞的解释，每一个定义的背后都有它的指导意义，读了这个你会知道什么不能做，读了那个你又会发现什么必须做。该做和不该做的你都一手掌握了，还怕自己在人际关系的海洋里不能如鱼得水般无限畅游吗？世界有多大，人脉就可以有多广。你如果有如此野心，那就不要犹豫，让自己在交际学领域做个自学成才者吧。所以，还等什么？一起学起来吧！

第一章 交际基本法：基础道理，必须遵从

交际是一门学问，它有自己的一套法则。人作为社会的一员自然是离不开社会的，离不开社会也当然离不开交际，所以我们要学习它的法则。就好像我们生活在屋檐下，不得不低头一样，社会就是我们头顶的屋檐，交际学就是屋檐下必须遵守的规则，面对规则我们怎么能够不闻不问、熟视无睹呢？最起码那些基本的东西我们必须得牢牢掌握，它们是我们行走在社会这个大屋檐下的必备工具！想要游刃有余，一把好刀自然是少不了的。

所以，赶快来学习这些交际基本法吧。你得明白，这些东西不是你可以选择要不要掌握的，而是必须遵从的，否则你可是会在人际关系的游戏中被淘汰出局的哦！

首因效应——第一印象很重要

你是不是经常有这样的感受：在遇到一个素昧平生的人时，往往你只是看了对方一眼，就差不多已经判断出对方是怎样一个人。通过对方的言谈举止、衣着打扮，你已经大致了解这个人性格怎样、品位如何了。你对自己的眼力很是钦佩，并且在以后相当长的一段时间里，都会认为他就是你心里已经设定好的那样一个人。除非遇到什么非常事件，否则这个人给你的印象是很难改观的，而这一切都是“首因效应”在作怪。

什么是“首因效应”？心理学家给出的定义是：个体在社会交往的认知过程中，通过“第一印象”输入大脑的信息对客体以后的认知所起到的一系列影响作用。心理学家通过实验证明了这一作用的存在：

一位心理学家将内容相同的两张试卷分别交给两个学生去做，试卷中有 30 道相同的题目。他要求两个学生分别只做对其中的 15 道题，并且要求学生 A 做对的题目尽可能出现在试卷的前半部分，而学生 B 做对的题目尽可能出现在试卷的后半部分。试卷做完之后，心理学家找来一些测试者，让他们分别对两个学生的学习能力和智商水平进行评价。结果发现，绝大部分测试者的评价是：学生 A 要比学生 B 更聪明。

这就是“首因效应”带来的结果。人们在开始时就已经对一个人的好坏建立起了“第一印象”，这些印象在人们的脑中是最为鲜明和牢固的，并且会在以后的交往中一遍遍地重复播放，影响大脑对事物的客观判断，这也是我们经常挂在嘴边的“先入为主”。因为一开始是好的，我们就会认为它一直是好的；相反，如果一开始是坏的，我们也会认为它会一路坏下去。生活当中，这样的现象更是比比皆是，比如“新官上任三把火”、“恶人先告状”，甚至“下马威”等，都是希望能通过“首因效应”占得先机。人们尽管也许并不懂得这个概念，但是用起来却个个都不含糊。

这些现象尽管看上去不太公平，有些“投机取巧”，但是不可否认，“先入为主”的心理暗示几乎存在于每个人的心灵深处。即使是那些被认为最公正、理智和权威的人也不例外，否则孔子也不会发出“吾以言取人，失之宰予；以貌取人，失之子羽”的感慨了！

既然这样，我们也没有必要对自己的主观臆断过于自责。换一个角度来看问题：如果我们不能摆脱“首因效应”的影响而成为“先入为主”和“以貌取人”的“傀儡”的话，那么别人其实也一样。我们完全可以利用“首因效应”为自己服务，让自己在人际关系中如鱼得水。方法很简单，只要我们注意自己的仪表、谈吐、举止，把自己的形象整理得漂漂亮亮，让别人一看就愿意跟自己亲近和交往，这“第一印象”的基础打好了，那么后续的交往自然也就没多大问题了。

现在你应该明白，为什么几乎所有的社交礼仪书都将“第一印象”摆在如此显著的位置了吧？如果依然执迷不悟，那你在人际交往中也许就只有“吃亏”的份儿了。不要对“日久见人心”太过迷信，不要相信对方终有一天能看到你的闪光点而对你刮目相看。因为这种坚持的精神固然可贵，但也是最容易费力不讨好的。与其花那么多的时间和精力去改变一个人对你的印象，你不如从一开始就把自己最好的一面展现给对方。这样别人看你高兴，你自己也落得轻松，何乐而不为呢？

近因效应——时间是最好的补药

顾名思义，“首因效应”是第一印象带来的巨大效应，“近因效应”就是最近留下的印象带来的一系列效应。这种现象在我们的生活当中经常发生，比如一个从小跟你一起长大的朋友，你一直认为他是一个好人，但是最近发生的一起抢劫案跟他有关，这让你对他原来的所有好印象全盘颠覆。你觉得自己以前完全是被他骗了，而这才是他的真面目。这个“真面目”正是“近因效应”导致的结果。

除了某个固定的人之外，“近因效应”还左右着我们对一群人的判断。比如，我们在观看一些选秀节目时，如果出现在台上的选手实力相当，那么往往我们印象最深刻的是最后一位选手的表现，而且也容易给他打高分。这就是“近因效应”带来的主观认知差异。

“近因效应”到底是怎样的一种心理现象？它为什么会在人们的交往当中让人产生如此大的主观认知差异呢？现在我们就来好好解析一番！

心理学研究发现，如果关于某事物的多种刺激依次出现时，那么我们对此事物建立的印象，则主要形成于后来出现的刺激。这种现象在人际交往中，就是我们在对别人的一系列印象中，占主体地位的往往是最近、最新的认识，它甚至会掩盖过去我们对这个人的评价和认识，这就是所谓的“近因效应”。而因为它主要取决于最新的认知，所以也被称为“新颖效应”。

我们会受到“近因效应”的左右，影响我们对人或事做出的评价。其实这也怨不得谁，因为它跟我们的大脑结构和记忆方式有最直接的关系。人们识记一系列事物时，往往对首尾部分的记忆更加清晰，所以“首因效应”和“近因效应”便有了优先权。这个应该不难理解，如果你不相信的话，可以现在就随机列一组数字让身边不知情的朋友去记忆，你会发现绝大多数的人都对开头和结尾的几个数字更加“情有独钟”！

这是因为我们的脑组织对短时记忆会优先考虑，第一刺激和最后的刺激会被我们记得更加牢固，更容易让我们拿来作为判断依据。而相对的，那些时间稍长一些的信息在我们大脑里就会变得模糊，大脑常常会犹豫它的正确性，所以自然也就不能成为说服你的佐证了。

现在你终于知道，为什么你总是对多年未见的朋友、亲人或者初恋临别时的回眸那么记忆犹新了吧？也终于明白，为什么你那么讨厌的一个人，你的头脑中全是他的斑斑劣迹，可是随口能说出来的，偏偏只有最近的那么两三个了吧？你也了解了为什么你跟现在的密友见面会比儿时的死党见面更亲近更放松的原因了吧？如此种种都是因为“近因效应”在作怪啦！

不过，这未必不是一件好事，因为你已经了解了它，也就说明你已经可以利用它了。所以，如果你想给别人一个更好的印象或者让自己的光辉形象长留别人的心中，那么就请不断地去加深别人对你美好的记忆吧。如果你想得到别人的青睐，那么就经常在他面前好好表现，让他记住你现在的好；如果你想让身边的人随叫随到地拔刀相助，那么就得牺牲睡懒觉的时间跟哥们儿、闺蜜打打电话或时时小聚；你想孩子跟你更亲，就别老是将他对爸爸妈妈的记忆留在一个星期之前……总之，我们的目的只有一个，那就是让别人记住你，而且是越来越好的那个你。所以，如果你“首因效应”的基础实在没有打好，那就只能努把力，让“近因效应”为人际关系开疆拓土喽！

体貌效应——你的形象价值百万

曾经红极一时的世界超模琳达·伊万格丽斯塔有一句比她本身更红的名言："如果1天没有1万美元，就别叫我起床！"为什么她有如此大的口气？因为长得好看呗！换句话说，这就是形象的价值。而好的形象所能创造的价值远远不止这些。一项调查的结果显示：形象好的人不仅拥有美丽的外表，而且还被认为更加有钱，更加成功，更加容易相处。形象出众与相貌平平的人相比收入要多出7%，而与形象很差的人相比，收入则高出12%！

之所以会有这种情况发生，是因为人们受到了"体貌效应"的影响，在对一个人认知的判断上产生了失误和偏差，从而对那些形象好的人更加重视，使其获得了相较于他人更多的关注与财富。

在这里，"体貌效应"是指因人的身材和相貌而导致认识上的偏见。在生活当中，人们更愿意跟那些外表漂亮、身材好以及能把二十块钱的地摊货穿出两千块钱效果的人交往，而那些身材不好、容貌丑陋、气质欠佳的人则往往容易被冷落一旁。如果你不信，我们来看心理学家的这个实验。

心理学家让一位年轻男子分别以不同的形象站在马路上搭车：身着套装、发型整齐的专业人士；打扮时尚、形象健康的阳光青年；神情疲惫、头发凌乱的落魄男子；满身破洞、头发五颜六色的朋克青年。结果，专业人士和阳光青年的搭车成功率都很高，而落魄男子就差了很多，至于朋克青年则几乎搭不到车。

这个实验所传递给我们的信息是：同一个人的不同形象给人的感受是完全不同的，随之遭受的待遇自然也会大相径庭。这种心理很容易理解，就像我们在商场购物时，不愿意花钱买一件包装又脏又破的产品一样。对于那些形象包装得一塌糊涂的人，我们同样容易敬而远之。因此，形象对一个人的发展至关重要，它不仅仅是一个人的外在包装问题，更传递出在这个包装下的人是怎样的一种内在状态。试想，有谁愿意与一个思想颓废、状态不佳、形象诡异的人为伍呢？

没错，如果你不愿意与这样的人为伍，那么很遗憾地告诉你，别人也不愿意跟这样的一个你为伍。如果你邋遢惯了，而且不以为意，甚至自得其乐，那么恐怕除了身边那几个铁哥们儿之外，其他人都会觉得你很难相处，而且不愿意离你太近。至少那些第一次见你的人是不可能愿意跟你进一步交往的，因为你的这副打扮首先传递给对方的是一种不尊重对方的信息。对一个不尊重自己的人，有哪一个人愿意热情地往上贴呢？

我们也不难看出“体貌效应”直接影响着“首因效应”的形成，因为形象外观直接影响到人们第一印象的建立，而你已经知道这个第一印象对你今后的人际关系发展是多么举足轻重了。所以，无论如何，我们都不能对它有一丁点儿的轻视，这可是跟你的前途有直接关联的呢！把你的形象打理好是对自己负责、对前途负责，说得更加夸张一点，更是对人生负责。你要明白：没有好形象，就没有好印象；没有好印象，就没有好人缘。没人帮你，你的路当然要难走许多。所以，还等什么？赶紧把自己捯饬好，向更大的交际圈勇敢迈进吧，会有好事儿等着你的！

六度空间理论——世界其实就是这么小

目前世界上的人口有多少？约69亿。没错，这是一个极为庞大的数字，作为这个庞大数字的69亿分之一，你是否也感受到自身太过渺小，可利用的“人脉资源”微乎其微呢？这种渺小是不是也会让你常常产生一种无力感呢？其实，你大可不必这样沮丧！因为只要你掌握了“六度空间理论”，世界上所有的人便都将纳入你的人际体系当中，成为你人际关系网中的一部分。

现在就让我们来认识一下这个神奇的理论吧！“六度空间理论”又称“六度分隔理论”，它来自于一个“小世界现象”的假想，指的是在这个世界上你与任何一个陌生人之间只隔着不超过6个人，或者说，你只需要最多通过6个人便可以认识世界上任何一个角落的任何一个人。该理论是美国社会心理学家斯坦利·米尔格兰姆于20世纪60年代提出的，当时米尔格兰姆做了这样一个试验：

他找来300名愿意接受试验的志愿者，请他们寄一封信给一个他们不认识的股票经纪人。在相互不认识也不提供联系方式的情况下，这封信自然是不可能直接寄到目标人物手中的。所以米尔格兰姆让志愿者们分别将自己的信函寄给他们感觉最有可能跟目标人物产生联系的亲友，请他们再次转发，同时要求在这一过程中每一位信件的转寄人在转发的同时都写一封信给他本人，以便他跟踪信件的去向。

试验的结果出人意料。在经过一段时间之后，其中大部分的信件最终被送达目标人物手中，并且这些信件中间的平均经手人只有 6 个。这就是说，如果要在两个陌生人之间建立某种联系，通常只需要 6 个人的介绍就可以了，这就是著名的“六度空间理论”。

世界的确就是这样小。如果你还是对它的准确性表示怀疑的话，我们还可以通过具体的数字来进行科学的验证：假设我们每个人所认识的人有 25 个，经过中间 6 个人的介绍之后，所认识的人应该达到 25 的 7 次方，其计算结果为 6,103,515,625 人。我们之前提过，地球总人口约为 69 亿，那么根据“六度空间理论”，我们几乎已经和地球上的所有人都认识了。而 25 还只能算是个比较保守的数字，我们直接接触的生活圈子当然不可能仅仅只有 25 个人而已，也就是说，事实上最终的结果应该会更大，绝对不止 69 亿。

当然，也许通过数字运算所得出的结果并不那么符合实际。受到地域、文化、种族以及个人的个性和性别等种种因素的影响，并不是每一个人都能通过这一理论直接同任何一个陌生人建立起某种联系，但是它却告诉我们一个非常浅显的道理——这个世界远没有我们想的那么大。人与人之间的关系就像一张网，每个人都是网上的一个结点，通过这个点，我们可以将自己的触角伸向四面八方。

随着互联网的兴起和广泛应用，世界的联系更加快速和紧密。微软的研究人员通过网络信息再一次印证了“六度空间理论”的可行性。2006 年，他们用一个月的时间对通过 MSN 发出 300 亿个即时信息的地址进行了研究。经过计算得出的结论是，有超过 78% 的发送信息者只要通过其中的 6.6 个信息就能取得联系。也就是说，在互联网中的一个人只需通过 6.6 个人，就可以认识其中的任何一个陌生人。一位研究员说：“我们通过实验证明，‘六度空间理论’并非民间传说。”

没错，“六度空间理论”的确不是个传说，我们随时随地都能够通过它跟自己想要认识的人取得联系。想想看，只要通过6个人你就可以认识巴菲特或者奥巴马，这是不是一件特别奇妙和令人兴奋的事情呢？换言之，只要你愿意，你就可以通过自己的人际关系网认识生命中那些对自己非常重要的人。这些人对你的人生道路将起到意想不到的推动作用，让你从此“好风凭借力，送我上青云”！

禁果效应——越神秘越有吸引力

禁果是什么？禁果是伊甸园里亚当和夏娃偷吃的那颗果实。因为它是被上帝告知禁止食用的，所以被称为禁果。可是正因为它是禁果，才激起了亚当和夏娃的好奇心，对其他果实视而不见，直奔禁果而去。这种因为被禁止反而更加被关注，激发人们一探究竟、积极参与的行为，就是“禁果效应”。

因为有了“禁果效应”，所以亚当夏娃会偷食禁果，所以潘多拉会偷看魔盒，所以罗密欧和朱丽叶有了至死不渝的爱情，所以古往今来的“禁书”成了被争相传阅的对象……越是被禁越是惹人好奇，这些统统都是“禁果效应”惹的祸！因为“禁果效应”不仅激起了人们的逆反心理，而且那种被封锁的状态就像蒙上了一层神秘的面纱，越发激起人们一探究竟的好奇心。

为了证明“禁果效应”所言非虚，心理学家费尼·贝克和辛德兹做了一个实验：

两位心理学家在一所大学的男生洗手间里分别挂了两块牌子，内容都是禁止涂鸦。第一块牌子语气严厉地写着：严禁胡乱涂写！署名为“大学警察保安部长”。而第二块牌子的内容则比较温和，上面写的是：请不要胡乱涂写。署名为“大学警察保安委员”。

两个小时之后这两块牌子被摘了下来，而结果是，挂着由保安部长签署的警告牌的洗手间里，涂鸦状况要比挂着另一块警告牌的洗手间的状况严重得多!

这是为什么？难道保安部长不比保安委员有权威？难道“严禁”的语气不比“请”的语气更唬人？当然不是，它只不过是激起了人们心中的“禁果效应”，越是权威越要挑战，越是严禁越要试试看。看什么？看它的底线在哪里，看冒犯了它又能怎样。

人们的意志就是这样被“禁果效应”所左右的，这也是为什么那些罚款的禁令不如那些温馨的警示语更得人心，更容易被人接受的原因。不过，“禁果效应”如果被利用得好，也是能收到意想不到的效果的，来看看法国农学家帕尔曼切是怎么做的吧。

在一开始的时候，法国是没有土豆的，对土豆这种东西也没有什么特别的好感。虽然听说过，但一向自诩高贵的法国人并没有尝试的欲望。农学家帕尔曼切偶然在德国吃到了土豆，感觉十分美味，于是很想将它推广到法国。

当然，帕尔曼切也很了解法国民众的个性。于是他想了一个办法，就是在培育的土豆快要成熟时，请国王的卫队前来保护这片土地，直到深夜人们都睡着了，卫队才离开。

这一举动立刻引起了民众的注意，大家都在好奇这块田里究竟种了什么样的人间美味，要如此隆重地派重兵把守。于是在深夜卫队离开之后，人们纷纷潜入田中将土豆挖出，带回家去吃。结果人们发现这些“偷”来的土豆果然非常美味，煎炒烹炸都很好吃。这极大地满足了法国人的口舌之欲，土豆也迅速地在法国流行起来。

法国人无疑是被帕尔曼切的“禁果效应”利用了，不过他们并没有什么损失，反而让自己的餐桌上多了一道美食。其实，我们完全可以向帕尔曼切学习，在我们的人际交往中小小地利用一下“禁果效应”，为自身营造一种神秘感：既保持亲和的态度，又保护个人隐私和私人空间，甚至保留某种令人难以理解却不被讨厌的“怪癖”。这种若即若离的神秘气息会吸引人们的好奇心，让人们有进一步和你交往，深入了解你的欲望。这对于刚刚认识和不太了解的交往对象来说，是一种非常好的交往策略，能让对方更加积极地去建立你们之间的关系。如果你想要认识一个人，而他却总是忽视你的存在，那么不妨试试这种方法，一定会让你喜出望外的！

诚信定律——人无信则不立

孔夫子说："人而无信，不知其可也。"这里的"信"包括两层意思：第一层意思是被人信任，第二层意思是自己守信。而这两层意思共同组成了"诚信定律"，想被人信任就要自己先守信，越守信就越容易被人信任，这两者是相辅相成的。诚信在人际交往中是一种非常基础的需求，它是我们建立自身形象和人脉关系的一个重要前提。如果我们想要在别人心目中塑造一个良好的形象，除了要有"体貌效应"这层金粉之外，"诚信定律"这根隐藏在内的支柱更加是必不可少的！

不管是做生意、工作还是交朋友，人们都喜欢和诚信的人共处。因为他的信誉会给人安全感，让人觉得这人靠谱，而靠谱就意味着他答应你的事能办成，也就是说成功已经在那里召唤了。这无疑是给自己吃了一颗定心丸。把事情交给这样的人去做或者和这样的人合作，会使不安全和不确定的因素大大降低，使安全系数直线增长，而人们对于安全的心理需求是不言而喻的。

当然，对诚信的依赖和向往，也从另一个侧面反映出了人与人之间的信任危机日益加大。因为彼此之间的不信任和隔阂，大家都用提防的目光去打量别人，看谁都不像好人，都拿着"防人之心不可无"的心态来武装自己，生怕一个不小心就掉进别人挖好的沟里。如果此时出现一个"言必信，行必果"的人，那势必会被人当成是珍稀动物保护起来，而且对其加倍信任。不信？那就看看下面这位聪明的顾客是怎么做的吧！

一家汽车维修店来了一位顾客，说自己是一家运输公司的汽车司机。这位顾客在购买了一系列的汽车零件之后，故作神秘地对店主说："嗨，老板。我们来做一笔生意怎么样？如果你肯在我的账单上多写一些零件，我回公司报账后会给你一份好处的！"

店主非常礼貌地对顾客说："对不起，我们店虽然不大，但是从来不做这种生意。年轻人，我劝你也别做，这对你没什么好处。"

顾客不依不饶，依旧纠缠着店主不放："老板，你先别急着拒绝，别看我是个司机，但是我的生意绝对不小，我们公司的零件都是由我来配的。如果我常来，你可是会赚不少钱的！"

但是，这个店主似乎是个榆木脑袋，死活不为所动，顾客于是气急败坏地骂道："你这么小个店，装什么高尚啊，大家都是这么做的。你居然放弃这么好的赚钱机会，我看你是脑子有问题。"

店主听了也火了："那你就去找别人跟你做这种生意去，在这里不可能！请你马上离开，否则别怪我告诉你们老板你所做的一切！"

顾客听到这些反而笑了，他有些激动地握住店主的手说："我就是那家公司的老板，而您就是我要找的长期合作伙伴。现在要找这样一家值得信赖的维修店多难啊，好不容易找到了，你还让我去找谁谈这生意呢？"

看吧！这就是诚信的巨大魅力，在它已经变得可遇不可求的今天，显得弥足珍贵。事实证明，如果你给别人以值得信赖的安全感，别人就会给你意想不到的丰厚回报。用不着担心你的"特立独行"会为自己带来损失，伤害和损失永远都是暂时的，而你的高贵品质才是最值得被重视和呵护的。因为诚信就像一朵出淤泥而不染的荷花，拥有它的人势必会得到众人的青睐，还用担心人脉不广阔，前途不光明吗？

从众效应——因为我们都害怕被孤立

心理学中有一个非常有名且有趣的实验，实验的内容是这样的：

心理学家找来五名志愿者，在一个繁华的路段，让志愿者之间保持一定的距离往前走。当第一个人到达指定地点后停下来抬头看着天空的某一点，然后紧跟着过来的第二个人重复这一动作，接着第三个、第四个、第五个都是这样的。他们聚集到第一个人的身边，然后一言不发地全都看着天空。

心理学家让志愿者们这样做的目的是为了看看路人看到这样的情况是如何反应的。结果他发现周围路过的人全都不由自主地跟着这五个人的动作朝着他们看的方向看了过去。

由此心理学家得出这样的结论：除了好奇心之外，人类还有一种模仿他人行为的本能冲动，这个实验中，周围人的表现正是这种本能的一种表现。人们会自觉或不自觉地将大多数人的行为和意见作为处事的准则，并据此对事物做出判断，继而形成印象，这一心理变化过程在心理学中被称为“从众效应”。

人们为什么会有不自觉的从众心理呢？难道不能像广告里说的那样“我的地盘我做主”吗？可以，不过这有一定的难度，尽管它说起来容易，听起来诱人，可是大多数人却没有办法做到。

明明是自己的脑袋和身体，明明自己有判断事物的能力，却为什么还要受到别人行为的影响和左右呢？因为我们是社会里的人，是群居动物，对于社会和群体有依赖性，这种依赖性让我们不可能置别人的想法于不顾。即使对方的行为和观点是错误的，我们也会停下自己的脚步，花几分钟去做个判断。尤其是当我们的行为被人非议和指责的时候，我们尽管嘴上可能不会示弱，但是心里所受的打击是可想而知的。从人的社会性出发，人人都希望在自己的群体里被肯定，害怕被孤立。所以当不被肯定时，我们的内心不管怎么伪装，都会是沮丧和泄气的。

而在这种情况下，很多“耳根子软”的人就会变得动摇和不确定。为了满足众人的心理需求，使自己不被群体孤立，他就会自动去调整自己的想法和行为，最大限度地和周围的人趋近。这是一种自我保护的行为，因为在人们的潜意识中，选择从众就能迎合大多数人的心意，就会受到欢迎；而如果不从众，就会让大多数人失望，就会引起众人不满，就会被排挤、被孤立，甚至让自己面临险境。

所以，我们看到，即使是抬头看天这种无意义的行为也会引起大多数人的共鸣和追随，就是因为人们害怕有什么东西是别人知道而自己不知道的，害怕这种无知会给自己造成伤害。经过一连串的急速反应，每个人都抬起自己“充满思想”的头去做了一件毫无意义的事。当然，这件事对心理学家来说，却是意义非凡的。

了解这些之后，我们是不是也不应该再去苛责身边那些“耳根子软”的人了呢？既然“少数服从多数”是被默认的社会准则，那么“从众效应”也没什么值得批判的。其实，每个人都有一个软耳朵，只不过是有些人表现得不明显而已，既然我们自己也动摇过，又有什么理由谴责别人呢？何况，我们还可以利用这个理论来打造我们的人际关系网。既然从众心理几乎是每个人都有的，那么在人际交往中为了获得想要的那些人的肯定，你不妨多为自己拉拉票。支持你的人多了，本来对你没什么兴趣的人自然也会注意到你，甚至“投你一票”！

亲和效应——温和是永远的态度

你喜欢和什么样的人交朋友？是冷若冰霜恨不得把人冻死的清高派，还是温暖和煦让人如沐春风的亲和派？想必大多数人都会选择后者吧。因为清高的人即使外表再美丽、品德再高尚，恐怕给人的感觉也只是“可远观而不可亵玩焉”。除非那些目的性很强或韧劲儿十足，或是脸皮“很厚”的人，否则恐怕在通常情况下是没什么人愿意去费力讨好他们，因为这太容易让自尊心颇强的我们产生“热脸贴冷屁股”的伤感联想了！

可是态度温和的人就不一样，和这种人相处真的感觉很随意、很舒服，即使他没有什么傲人的成就或者惊人的美貌，但是却足以让你产生与之亲近的强烈愿望。所以，很显然，这种人在人群当中更加受欢迎。

为什么会有这样的状况产生呢？原因在于“亲和效应”的作用。“亲和效应”产生的心理基础是没有人愿意看到自己被拒绝的场面，别人的拒绝会让自己产生挫败感。而人在内心深处是拒绝挫败的，所以大家会不自觉地选择那些看上去更易于接近的人去接近。这些人往往跟我们自身有某种相似或相同之处，而且温和的外表让人感觉更安全，进而让人产生一种亲密感，促使相互的接近，形成一种亲密的关系。这就是“亲和效应”作用的结果。

生活当中这样的事情随处可见。玛莎原本是一位商界女强人，但是在她结婚生子后却渴望过一种平静的生活，于是她选择了一个安静的小镇定居。但是时尚、强势、品位考究，又带着几分傲气的玛莎显然跟这个小镇格格不入。别说她出众的打扮直接拉开了她与别人的距离，让人觉得她跟自己不是一路人，单是她眼睛里的那份严肃和精明，就足够让人退避三舍的了。

原本在商界呼风唤雨的玛莎，到了这个平凡无奇的小镇之后，却成了人人避之不及的“滞销产品”，这究竟是为什么呢？因为她的强势不自觉地让她缺少了一份亲和力。她看上去是那么不可接近，又怎么能怪别人不给面子呢？

但是，玛莎毕竟是聪明的，她从改变自己的衣着开始，把自己打扮得像小镇上的人，穿他们平常穿的服装，脸上挂起和煦的微笑，提着篮子上街买菜，并且主动和过往的行人打招呼。于是，不用说，很快玛莎便融入了这个全新的环境中，成为小镇的一员。

这就是亲和力带给人们的温暖体验。在你的亲和力温暖别人的同时，别人也会用同样的温暖回馈你，玛莎的例子就是最好的证明。心理学研究表明，一个人的外表反映了其内心，服饰、言行、眼神等都在向别人传达着某种信息，让别人读出你是否友善，是否愿意与人交谈。所以，现在你赶紧弯起嘴角、亲切称呼、眼里充满暖意，让整个人变得温和起来吧。让自己变得暖洋洋的，别人才会愿意靠近你来取暖！

没错，“亲和效应”是人际关系中一个非常好用的工具。如果想成为一个受欢迎的人，那么你就别总是把自己装在套子里，摆出“生人勿近”的脸色。

尊重定律——彼此尊重是交际的基本原则

想想看，如果有一个人整天跟你玩“青白眼”的把戏，看到你就翻个白眼，撇个嘴，甚至吐口痰，你还愿意心平气和地跟他交往吗？恐怕抡起拳头揍他的心都有了吧。为什么他会激起你心中如此的怒火？原因很简单——他对你不尊重！一个不尊重你，不把你当回事儿，甚至鄙视你的人，你会愿意跟他交往才怪！同样的，如果你是这样的一个人，肯定也没人愿意搭理你。

所以，关系的建立是从心理的平等开始的，也就是双方在彼此心目中的分量相当。这种分量当然不能轻，而是越重越好，直到“重”到“尊”的程度，才会让人产生愉悦感，才让人更乐意接纳你、帮助你，甚至保护你！尊重是对对方人格的一种重视，彼此尊重则会让双方的心理需求均被满足，进一步交往的愿望也就产生了。

其实，希望获得别人的尊重，这一点都不难理解，因为每个人都希望自己无论在什么情况下都是有实力的、能胜任的、独立自主的、做到最好的，并且希望自己的这些能力受到他人的肯定。而且，即使是自己特别钟爱或者愿意与之交往的人，我们在潜意识当中也是希望彼此是平等的，是被对方尊重的。否则，与对方的交往便会触礁，最起码不会那么顺畅，因为你在心理上已经对这种不对等关系开始排斥了。有一个很著名的例子可以证明这一点：

维多利亚女王是英国历史上一位非常伟大的女王，她在位时的英国几乎达到了全盛时期，成了名副其实的日不落帝国。所以，这位成就卓著的女王受到举国上下的尊重与爱戴。但是，位高权重、君临天下在她的丈夫阿尔贝托亲王那里却没那么有价值。

一次，皇宫里举行盛大晚宴，维多利亚因为忙于应酬而冷落了自己的丈夫，阿尔贝托亲王有些恼火，于是提前离开会场回到了卧室。女王在应酬完之后发现丈夫已经离开，回到卧室又发现门已经被反锁上了。维多利亚有些生气，她开始敲门，但是丈夫并没有立即过来开门，而是隔着房门问："谁？"

本来就有些生气的女王傲慢地说："开门，我是女王！"

门并没有为女王陛下打开，房里也没了动静。女王生气地想要离开，但是后来她想今天确实是自己冷落了丈夫，难怪他会生气，于是维多利亚再次回来敲门。阿尔贝托又问："谁？"

这次，女王的语气明显缓和了许多："我是维多利亚。"

但是，房门依然没开！这让女王非常恼火，她本打算立即离开，但是脑中一闪，她立刻明白了丈夫的想法。于是，她第三次上前敲门。门里传来的依然是不急不火的声音："谁？"

维多利亚非常温和地回答："是我，你的妻子。"

这次，门打开了！

维多利亚是女王不假，但在丈夫那里她的身份首先是妻子，而亲王要的也只是一个妻子罢了，女王的头衔在他那里是没有价值的。这当然也给了我们很多启示。你想啊，如果一个至高无上的女王也了解"尊重定律"，而对自己的丈夫敬爱有加的话，那么我们是不是更加应该将它作为处世交往的严格标准呢？"爱人者，人恒爱之；敬人者，人恒敬之。"这是孟夫子的话，也是人际交往的基本准则，我们得好好品味，并牢记在心才是。

微笑法则——微笑赢得人气

你可以长得不漂亮，但是一定要会微笑，这是一个太重要的表情了。它传递出的信息是那样的温暖、自信和友善。想必你也会发现，其实很多时候，两个陌生人见面可以什么都不说，只要一个微笑就能让人放下隔阂与武装，亲切地坐下来聊上一会儿。

微笑有两种很好的功用，一是对内，一是对外：对外，它给别人的信号是安全的，让人能够瞬间放下防备；对内，它能驱走内心的阴沉和晦暗，让人走出低谷、摆脱厄运。所以，一个脸上经常挂着笑容的人，往往是好运的，因为他快乐而有安全感，会让别人觉得他性格成熟、沉稳，这样的人能轻松获得好人缘，进而得到更多的机会，好运还能少得了吗？

不信请看这个例子：一个选秀节目上来了一个中年女子，这个女子长得一点也不漂亮，而且还是个侏儒症患者，身高不到一米三，小小的身体顶着一个大大的脑袋。她表演的是流行歌曲。说实话，这女子唱得虽然还不错，但也仅仅只是“不错”而已，如果大家闭上眼睛只听声音其实并不惊艳。但是这个女子却得到了评委的一致认可，毫不吝惜地给了她全票通过。因为她笑得实在太甜了，那种眼睛里透露出来的温暖和自信感染着所有评委和在场观众。其中一个评委对她说：“你唱得很动听，但是你笑得更漂亮，我们都支持你！”

这个女子之所以会有如此高的人气，就是因为她是一个会笑的人。她用微笑告诉人们：自己虽然是一个侏儒症患者，但是依然热爱着生活。她的微笑中透露出的坚强和从容让所有看到它的人都为之动容。

所以，请相信微笑一定会给你带来好运！它的感染力就像是太阳的光芒，能给人以光明和温暖，而每个人的心都像是“扑火的飞蛾”，对于光明和温暖永远有着无尽的渴望。没有人喜欢生活在阴霾当中，因此有光亮的地方就会被很多人向往。现在你知道为什么微笑的人总是“有糖吃”了吧，因为他的笑容是阳光，人们都喜欢它，都渴望得到它的照耀，所以自然就愿意将自己的友谊交付给他。古人说：“一笑倾人城，再笑倾人国。”倒未必是笑的人长得多么好看，笑得好看恐怕才是王道！

在这里，微笑已经不仅仅是一个表情那么简单了，它已经成为一种生活态度，不仅左右自己的人生，同样影响着周围的人。因而“微笑法则”不仅是一种人际交往需要，更是人生精彩顺利与否的一种“潜规则”。微笑代表着内心的晴朗与健康，只要你的内心是晴朗无云的，你的生活也就没有了阴暗与冰冷。而看到你微笑的那些人，也会由衷地喜欢你，于是你就有了人缘和人气。你时刻生活在一个自己努力营造出的和谐环境中，生活还能差到哪儿去呢？所以，我们经常说生活就是一面镜子，只有你先笑了，它才会对着你笑。还等什么？现在你看到了谁？请对他微笑吧！

机变定律——唯有随机应变是不变的法则

到底是应该随机应变，还是应该以不变应万变呢？答案是两者混合着用，在适合的时候用适合的方法，这就是“机变定律”。就像我们在哲学当中学到的那样，世界是永远变化着的，所以无论我们变与不变，其实都是在变，唯有“变”才是不变的法则！

我们周围的人际关系说简单也简单，说复杂也复杂。即使再深厚的关系都有发生意外状况的可能，更别说那些关系没那么铁的陌生人了，因此我们要随时准备应对这些状况。状况发生了，首先要做的是自己不能慌，然后看看哪些需要马上做出反应，哪些完全不用理会只要冷处理就好。这种对状况的迅速判断就已经用到了“机变定律”了。

那些将“机变定律”运用得游刃有余的人，总是会让人刮目相看。那种快速应变所反映出的智慧无疑形成了一种个人魅力，让他变得光芒万丈，即使他原本只是一个司机。不信？那我们来看看这个冒牌的爱因斯坦是怎么做到的吧！

作为一个伟大的科学家，爱因斯坦的理论享誉世界，但是在那个通讯和传媒都不太发达的时代，其实知道爱因斯坦庐山真面目的人并不多。这就给了他的司机一个“钻空子”的机会。

一次，爱因斯坦受邀去某地演讲，在去的路上，爱因斯坦在车里开始准备他的演讲材料。他的司机看到后笑着对他说：“您的那些资料还用准备吗？您每次演讲都要背一遍，连我都能倒背如流了。”

爱因斯坦听了开玩笑似的说："那好啊，反正邀请方并不认识我，我也不喜欢站在台上演讲。不如你替我上台演讲，我来做你的司机如何？"谁知司机听了一点儿都不慌张，淡定地说道："没问题，我很乐意效劳。"

结果，司机冒充爱因斯坦站上了神圣的演讲台，而且一字不落地将爱因斯坦的演讲稿背了出来。他激情澎湃，甚至比爱因斯坦本人讲得更好，连爱因斯坦都自叹不如，台下的听众更是佩服得五体投地。

演讲很成功，这件事原本已经可以画上一个圆满的句号了，谁知这时意外发生了。台下有个不开眼的年轻学者求知欲显然过于旺盛，他听完演讲马上站起来问了冒牌爱因斯坦一个非常专业的问题，这个问题显然是只会背演讲稿而全无理论基础的司机回答不了的。不过，我们不得不佩服这位司机，他依然没有惊慌，而是非常坦然地笑着对年轻学者说："年轻人，你这个问题我实在不想回答，因为这实在太简单了，连我的司机都会，不信就让他来告诉你答案吧！"

可想而知，冒充司机的爱因斯坦当然对答如流，这一突发状况不仅没有让"爱因斯坦"出丑，反而让他的形象变得更加伟大了。试想，连爱因斯坦的司机都这么学识渊博，那他本人得厉害成什么样啊！

爱因斯坦的司机虽然没有多高的文化水平，但是不可否认，他绝对是一个随机应变的高手。因为他内心有一份自信，这份自信让他能够驾驭整个局面。所以，如果你想要掌握这项定律，自信是必不可少的。除此之外，你还要有一份淡然，这能让你处变不惊，只有不惊才能有更多的时间和精力去想办法。自然，你还需要平常多多练习，遇到问题千万别躲别跑，试着让自己冷静下来，然后快速分析，再选择出一个你认为最好的解决方案。你会发现，在"机变定律"的影响下，办法永远比问题多。

刻板印象原理——别让偏见左右视线

无论有没有看到过刻板印刷，你应该都能想象，将一种形象刻在木板上，从这个模子里印制出来的东西必定全是一模一样的。如果人也被刻在一个木板上呢？很显然，出来的印象也会是一样的。这种被刻板化的人物印象被称为“刻板印象原理”。

心理学家曾经就刻板印象做过这样一个实验：他将同一张照片拿给参加实验的两组志愿者，让他们分别判断照片当中的人具有怎样的性格和品质。只不过他在他们看之前对第一组的人说，这是一个怙恶不悛的罪犯，而对第二组的人说，这是一位成就卓著的科学家。

测试的结果是：第一组志愿者认为，照片中这个人眼睛深陷说明他的内心充满仇恨，下巴突出昭示着他将在罪恶的道路上越陷越深。而第二组的志愿者则认为，照片中的人目光深邃表明其有深度和内涵，突出的下巴说明其性格倔强，将在探索真理的道路上百折不挠！

同样的一个人，截然不同的两种结果，这是为什么呢？因为人们在做出判断之前已经对其身份有了刻板的认证，觉得罪犯就应该是那个样子或者科学家就应该是这个样子。可见这块“板”对人们意识的影响有多深。

刻板印象让我们很自觉地将“物以类聚，人以群分”当成自己判断事物的标准。在我们的生活中，这种效应随时随地都在上演。比如，在我们的印象里，年轻人就应该活力四射且毛躁冲动，老年人就应该沉稳老练且固执守旧，湖南女孩都是辣妹子，提到商人就觉得唯利是图，看到长相一样的两个人就觉得是双胞胎。这都是因为我们印象当中已经对一类人产生了一种思维定式。然而，这种思维定式却未必正确，年轻人也有少年老成、沉稳睿智的，老年人也有精力充沛、爱玩爱闹的，湖南妹子也有温柔不吃辣的，商人也有讲究仁义的儒商，长相一样的有可能不是双胞胎而是表兄弟……

我们之所以会受到刻板印象的左右，一方面是因为某一类人确实具有明显的共同特征，而且这些特征是经过我们以往的观察和收集各种渠道的信息得来的；另一方面是因为我们的思想实在是有点“懒”，如果我们的脑子里已经有了某种东西的答案，就会照搬照抄，拿现成的用总是轻松的；第三方面，是因为我们真的太忙，有的时候真的没有时间去收集更多的信息，对独立的个体做更加全面的了解。

以上种种，都是刻板印象形成的机制。在这种印象的干扰下，我们的判断常常受到影响，导致我们对某个人的判断失误，从而闹出笑话。不过，我们也不必将它说得一文不值。刻板印象虽然难免“刻板”，但是也不是没有优势可言的，我们可以根据某些基本信息在第一时间对眼前的人有个大致了解。这种信息传递起来非常迅速，可以让我们瞬间判断对方的年龄、喜好、禁忌，可以提醒我们有些东西应该立刻排除在交谈内容之外，而有些话题则更容易拉近彼此的距离。

好了，既然刻板印象已经刻在了你的脑子里，你再怎么懊恼也是没用的，不如学会利用它的优势避免人际交往当中的尴尬。但是你不能偷懒，在“刻板”用完之后，必须马上去给自己补课，更加深入地去全面了解这个人。千万不要一直“刻板”下去，让偏见影响正常的交往。相信聪明如你不会犯这种低级错误！

吸引定律——散发自己吸引别人

为什么有的人会吸引你想要接近他？而你又是如何吸引别人成为你形影不离的好友的呢？畅销书《秘密》中非常著名的“吸引定律”也许会告诉你答案。顾名思义，“吸引定律”就是将人和事吸引过来的法则。我们凭什么能将别人吸引过来？你可能会说是因为个人的魅力、权势、财富……也许这些都是吸引力的外部条件，但它也仅仅是外部条件而已。如果没有这些优越的外部条件我们是不是就不具备吸引力了呢？当然不是，“吸引定律”会告诉你，真正将别人吸引到你身边的，是你自己所散发出来的能量。

我们都学过“能量守恒定律”，都知道能量不会消失只会转化——这听起来似乎开始变得过于科学了，我们又不是学物理的。别着急，这不过是为了帮助你了解自己的吸引力产生自哪里。没错！正是你散发出去的能量，它转化成了其他的形式，而这些形式吸引着别人，进而使别人注意到你。

这样说似乎显得有点玄妙了，那么就简单一点。你的吸引力其实来自于你的能量付出，这种能量付出包括你的容貌、财富、地位，但更多的是来自于你不计回报的爱心、情感与真诚。当你无条件地去付出自己的所有时，你已经开启了能量的循环，而这种循环意味着它将为你带来能量的回报，也就是别人的情感回报。所谓“投桃报李”，同样适用于能量循环，你给了别人什么，别人就会回报你什么，甚至回报得更多。比如你微笑，别人就会报之以微笑；你奉献，别人就会感激你的奉献，进而由这种感激引发更多更长久的其他形式的报答。

也许你身边有这样一个人，他长得貌不惊人，甚至乏善可陈，而且没有能力、没有背景，甚至连句恭维话都不会说，但是这并不影响人们对他的喜爱。因为他每天第一个到办公室，并且会在大家进门以前打扫卫生、给花浇水、打开饮水机、把报纸放在每个同事的桌上。他做这一切的时候一点怨言都没有，而且总是开开心心的。也许一开始的时候你会认为他是为了讨好大家，可是渐渐地你发现，如果只是为了讨好，他犯不着采用这种费力的方式。当几乎所有的人都习惯了他的付出时，他们都喜欢上了这个平凡的不能再平凡的几乎过目就忘的人。有一天他生病请假了，每个人都觉得不习惯，而且都很担心……为什么会这样？因为大家已经不知不觉地被他吸引了，他并没有要求回报，可是“回报”却已经悄然发生在了他的身上。

所以，请相信，我们的一切付出都不会打水漂，尽管在短时间之内我们也许看不到它去了哪里，但是根据“吸引定律”和“能量守恒定律”，它一定还存在于某一个角落，而且让别人受益了，这就足够了。你不妨问一问你身边的铁哥们儿或者闺蜜为什么跟你那么铁，也许他（她）告诉你的答案是你完全想不到的：上中学的时候你每天回家都不忘给同桌的她带一个苹果；他很懒，却想晨练，尽管你自己也困得要死，你依然遵守着承诺每天清晨准时叫他起床；你曾经陪着她走过一段时间的夜路，尽管你觉得那只是顺路，但是她却感激不尽……这所有的发生在多年以前的一切已经随着时间在你的脑中变得模糊，甚至你根本不记得有那么一件事情，可是它却印在了对方的记忆中，变成了你的吸引力，将对方吸引到你的身边，以至于对你不离不弃！

自我参照效应——大家都太把自己当回事儿了

安德鲁·杰克逊是美国历史上一位有名的政治家，但就是这样一位杰出的人物也有闹笑话的时候。事情是这样的：在杰克逊晚年，尤其是他的妻子去世之后，他变得非常孤僻且多疑。他常常怀疑自己的健康出了问题，再加上他的几个好友都死于中风，于是他认为自己也必将死于中风。为此，老杰克逊一直生活在中风的恐惧中。

有一次，朋友来找杰克逊下棋，正下到一半的时候，杰克逊的手一下子垂了下来，而且面色惨白、呼吸沉重，整个人好像虚脱了。朋友赶紧问他是怎么了，杰克逊虚弱地说道："到底是来了，我到底还是得了中风！"

"你怎么知道自己得了中风？你看上去没那么糟啊。"朋友好奇地问道。

"我的右侧瘫痪了，我刚才在自己的右腿上捏了好几下，但是一点儿感觉都没有。"杰克逊颓然说道。

朋友听后大笑道："亲爱的安德鲁，你怎么可能有感觉呢？你看你捏的可是我的腿啊！"

为什么曾经聪明睿智的杰克逊会闹这种笑话呢？因为他受到了"自我参照效应"的影响。"自我参照效应"的概念是，人们最没有办法忽视和遗忘的是和自身相关的信息与事物。杰克逊身边的许多人都患有中风，所以中风的梦魇便成了他生活的一部分，当他发现自己失去知觉时，第一时间就想到了中风。这固然是由于他的过度紧张，但是这种紧张也恰恰是"自我参照效应"的体现。

生活当中我们又是怎么自我参照的呢？来看心理学家的这个实验：心理学家让志愿者来看自己的两张照片，其中一张是标准照，也就是一般的照片，另外一张是镜面照，也就是从镜中翻拍的照片，结果几乎所有的志愿者都觉得镜面照中的自己更好看一些。而心理学家将这些照片拿给志愿者身边的人看时，大家却认为标准照当中的志愿者更好看。

这正是“自我参照效应”在起作用。因为我们平常看镜中的自己比较多，所以会觉得镜中的那个自己更顺眼；其他人都是通过直观来看我们的，而且更熟悉眼前的我们，所以他们认为接近于直观的标准照更加好看。

不管是我们自己对自身的看法，还是别人对我们的看法，其实都是出于自我参照，都是在遵从自身熟悉的那个印象来做选择，尊重并热爱着自己的那个印象和判断。没错，每个人都那么“自恋”，即使是在判断别人时，也是从自我的角度出发的。

正是因为大家都太把自己和自己的感觉当回事儿了，所以在选择朋友和与人交往时，我们往往都是先从自我感受出发。大家都喜欢那些合自己眼缘的、符合自己评判标准的人，而对感觉不佳的人自动屏蔽，这样自然会造成判断的不客观，对别人也就没那么公平。当然，这对你自己也没什么好处，就像前面那个例子当中的政治家，他太重视和相信自我的感觉，所以每天都生活在恐慌当中。

这一定律对人际关系的影响是，它会让你判断失误而损失良友或误交损友。所以，现在想想看，你的自我判断是否都是那样做出来的？哪些判断是从你的自我参照出发的呢？如果有很多，那你可就要小心了，赶紧将它屏蔽掉，拨乱反正才是上策！

杜利奥定律——热忱的魅力与动力

辛迪其实长得并不难看，可是她每天愁眉苦脸，一副苦大仇深的做派。她最常用的名言是："太阳在哪儿？我怎么看不到太阳！"如果你认为她是个多愁善感的诗人，那你就大错特错了。请将"诗人"这两个字从她身上快刀斩乱麻地去掉吧！辛迪可不是在吟诗，她是真的看不到太阳。想想看，一个整天垂头丧气，眉头皱得像麻花一样的哀怨女，每天只有两种状态：低头唉声叹气，抬头眼神迷离。这样的人知道太阳在哪儿才怪。认识辛迪的人因为她"不见天日"的这一特点将其称为"黑洞女"，意思就是此女如同黑洞一般，即使有阳光也被吸了进去，跟她在一起除了感到压抑，就是感到丧气。所以认识辛迪的人总是躲得远远的，不认识她的人看到她摆出这阵势，也立马望而生畏，同样躲得远远的了。所以，可想而知，辛迪的人缘并不好，因为没人愿意被黑洞给"黑"掉！

珊妮则恰恰相反，虽然她长得不怎么出众，而且在小时候被车撞到过，左脚有点跛。照理说，她应该感到自卑，应该跟辛迪一样愁眉苦脸，毕竟她的生活不是那么圆满。可是珊妮一点也不自卑，她每天很早起床，然后收拾屋子，帮爸妈买早点，带小狗散步，跟每一个见面的人打招呼，街坊邻居没有一个不认识她的，也没有一个不喜欢她的。同事聚餐、同学聚会如果少了珊妮的参与总是黯然失色。因为珊妮除了常常是聚会的组织者和发起人之外，更会为聚会想出许多妙点子，让所有来参加的人都十分尽兴。无论工作还是生活，珊妮总是那个最积极的人，她的脸上从来没有阴霾。看到她的人总是觉得人生充满阳光和希望，大家都愿意跟她在一起，因为她总是那么精力充沛、热情洋溢，只要有她在，连那些平常病病歪歪、无精打采的人都不会觉得累。所以，珊妮的好人缘也是可想而知的。

为什么辛迪和珊妮之间会有如此大的反差呢？因为热忱！

热忱具有一种巨大的吸引力和推动力。有了热忱，我们的生活便会变得积极而饱满，失去它生活就会变得暗淡无光。正如美国作家杜利奥所说："没有什么比失去热忱更使人觉得垂垂老矣，精神不振，一切都将处于不佳状态。"而这也正是"杜利奥定律"的内容。

"杜利奥定律"所要表述的正是一个热忱的问题。热忱是我们对生活和朋友应有的态度，只不过随着年龄的增长，我们的那股热忱的精神似乎越来越少。我们以为是自己的年龄左右了我们的身体和心情，其实恰恰相反，是我们自己的心态左右了我们的年龄和行为。如果你看到一个四十多岁的中年人在练跑酷，一个五十多岁的老大爷在练双节棍，一个六十多岁的大妈在跳街舞，你就知道其实年龄根本不是问题，更不应该是你失去热忱的理由！

失去热忱会让你失去很多生活的乐趣，它也会让周围的人对你敬而远之，而且你的人生也就少了追求、失去意义，只有形影相吊、顾影自怜的份儿。你都孤家寡人成这样了，你不垂垂老矣，谁垂垂老矣？心都老了，人还能显年轻吗？所以，哪怕只是为了让自己看上去更年轻、更有活力、在人群中更受欢迎，你也要让自己想办法重拾热情。你需要它，你的人际关系、你的生活、你的未来都需要它！

人际互补律——我们都是只有一只翅膀的天使

有一句诗是这样写的：“我们都是只有一只翅膀的天使，唯有相互拥抱才能展翅飞翔。”这句充满智慧和哲理的诗句虽然不知出自何处，但是能让看过它的人产生强烈的共鸣。是的，人与人之间是有需求的，这种需求不一定是爱情，也包括亲情、友情、师生情、同窗情，等等。因为尽管人们不愿意承认，但是没有人是完美的这一点却是不可否认的。每个人都有自己的缺点，有缺点就需要被弥补，只有弥补了自身的缺点，才能飞得更高，走得更远。

但是有的缺陷是我们自身无法弥补的，所以我们需要一个跟自己志同道合，但是又可以在性格和能力上互补的人共同去完成一件事或者互相满足某种心理的需求，这就是“人际互补律”。有了“人际互补律”，我们找到了自己的另一只翅膀，才能让自己和对方在人生的旅途中如虎添翼、展翅翱翔。

比如刘备和诸葛亮，二人既是君臣，又是盟友，更是为对方的梦想牵线搭桥的那个人。刘备有自身的地位、人力优势，诸葛亮有自己的智慧、才力优势，而对方的优势又正是自己所缺的，于是一拍即合，君臣尽欢，不仅干了一番惊天伟业，而且双双万古流芳。这无疑是将“人际互补律”运用得恰到好处的典型事例。

当然，两者之间除了能力的互补之外，性格和情感的互补也同样占据了至关重要的位置。刘备对诸葛亮的欣赏和信任换来了诸葛亮的忠诚和鞠躬尽瘁。这种需求恐怕才是两者能够一直合作下去并成为佳话的最重要的原因。

不说古人，就说我们自己，我们不是也希望跟自己性格互补的人交朋友吗？个性不同的人更加容易产生吸引力，也更容易相处，因为人们总是对自己不熟悉的事物更有好奇心。当然，互补的好处是使双方都获利：比如暴脾气就适合老好人，尽管双方都有时看不上对方，但是两者相处往往也是矛盾最少的。如果“以暴制暴”，结果恐怕不是爆发就是爆炸，两者很难和平相处。但是暴脾气和好脾气在一起就会收敛很多，一是人家不爱生气，二是你也不好意思总生气，虽然吵不起架来多少会有些闷，但是总比“宇宙大爆炸”似的毁灭要好得多吧！慢性子和急脾气的人也一样。因为慢，所以需要有个人在前面硬拉着才能跑快点；因为过于急躁，所以需要有个慢点的人牵制着才不会过于莽撞以致发生危险。

这些都是互补的好处，生活不完美，人不完美，所以我们需要合作，而互补则是合作的最佳前提之一。所以，我们选择了人际交往，在茫茫人海中寻找那些能够和我们志同道合，又能助我们一臂之力的人。而且爱情这种互补并不是唯一的，除了爱情之外，我们可以有很多朋友，这些朋友在我们的生活当中扮演着不同的角色，起着不同的作用，有了他们能使我们的生活变得更加完美。

虽然我们都缺少一只翅膀，但如果是一顺边儿的，那恐怕不但飞不起来，还有打架、摔倒、一起坠落的可能。只有各项条件匹配了，且双方彼此欣赏、互敬互爱，才是融洽相处的基础。如果互看对方不顺眼，那还是趁早别一块儿飞，省得飞到半空时拆伙，那样两个人都会掉下来摔得很惨的！

卢维斯定理——温润如玉才是谦谦君子

我们从小就说：“谦虚使人进步，骄傲使人落后。”这在大部分时候虽然是指学习，但是在人际交往当中同样适用。道理很简单，骄傲的人很难使自己的人际关系更上一层楼，而谦虚的人反而更容易在人际的海洋中如鱼得水。

谦虚的人之所以更容易受到青睐，是因为这些人已经将自己的棱角和锋芒打磨得温润光滑，就像古语里常说的“谦谦君子，温润如玉”，他们像美玉一样温润通透，不带有任何攻击性，让人觉得安全。信任的基础打好了，稳定的关系也就形成了。

有人也许会说，谦虚是不是会让自己显得过于卑微呢？过分的谦虚是不是会让人找不到自信，失去自我呢？其实完全不是这样，我们所要讲的谦虚，不是那种内心对自我价值的贬低，而是一种放空自己和跳出自我的状态。就像美国心理学家卢维斯所说的那样，谦虚应该是一种美德，真正的谦虚不是夸耀自己，更不是贬低自己，而是完全不去想自己，不把自我的因素掺杂在其中，也就是忘记自我，不管那个自我是卑微的还是崇高的。跳出自我的优势在于能够更加客观地去认识和评价他人与自我，这才是真正的谦虚。这条规则因为经过了卢维斯的深刻演绎而被命名为“卢维斯定理”。

一个真正明智的人，不管他是否学习过这条定理，都必然是能够将其运用得得心应手的人。比如金庸大师，这个武侠小说泰斗曾经被王朔在

《我看金庸》中猛烈攻击，王朔犀利的语言几乎将金庸批判得一无是处。大家都觉得王朔有点过分了，评论可以，但怎么能够这样抨击呢？很多武侠小说迷开始为金庸鸣不平，指责王朔过分，支持金庸反击。

但是金庸得知此事后却一点儿也不生气，而且非常谦虚平和、不失真诚地说："或许是王朔先生的要求太多了些、太高了些，是我能力所做不到的，限于才力，那是无可奈何的了。如果有机会，希望能够和他结识，彼此交流交流。"这话传到了王朔的耳朵里，让他自愧不如："比起金庸来，的确让我惭愧。"

这样一个已经被推向"神坛"、受到无数人顶礼膜拜的大师，依然能够谦虚地接受批评，这绝对不是因为自身的心虚或者人格的自我贬损，而是一种能够抛开自我，客观地评价他人与自己的气度。单这份谦逊的气度就足以让人自叹弗如了！

大师是如此，普通人也一样，只有谦逊才更招人喜欢，别人才会愿意给予。

一个年轻人很是苦恼，于是他来到寺庙寻求住持智慧的帮助。年轻人对寺庙住持说道："不知道为什么，我周围的朋友越来越少，一个个都离我远去。"住持听了微微一笑，说："与人相处的方式我只是略懂一二，但是我酷爱饮茶，劳烦你为我沏一壶茶好吗？"

年轻人十分不解，心想："我这么优秀的天才是从来不会给别人沏茶的，但是看在我有求于你的份上，还是降低身份为你沏上一壶。"

不一会儿，茶泡好了，年轻人手持茶壶，他要为住持斟茶，但是住持却把杯子举得老高，超过了年轻人手中的茶壶，这让提着一壶滚烫热茶的年轻人很生气："你把杯子举得那么高，我怎么倒茶？"

住持听后哈哈大笑："年轻人，既然你懂得这个道理，为什么还犯此类错误？你渴望自己的杯子里能够被朋友注入友情，却总将自己的杯子放得高于茶壶。茶杯高于茶壶，怎能接受香茗的注入？山谷把自己放得很低，所以得到了流水；人只有放低自己后，才能吸取别人的智慧，从而令自己进步。”

年轻人幡然悔悟，正是因为他的不谦虚，才使得他失去了那么多好朋友。而谦虚的人就像一个杯子，总是先将自己倒空，同时放低姿态，才能重新装进去更多东西。当你以一种低姿态的“空杯”状态呈现在别人面前，以虚怀若谷的心去和别人交往时，别人才会觉得舒服，才会觉得你可交，才会愿意结识你，才更乐意去注满你的杯子。这样，你的空杯里便有了知识、财富，或是友谊、爱情。而这些，肯定都是你想要的吧？

第二章 交际语言艺术:语言是沟通的桥梁

想要交往，就得交流;想要交流，就得交谈;想要交谈得好呢？那就得交心了。好的沟通是交流和交际的开始，一个好的开始来自于你开口说的第一句话。到底是言之有物，还是夸夸其谈；到底是口若悬河，还是沉默口拙？这就得看你的资质和平常的训练了。

不管你是内向还是开朗，不管你是否习惯用语言来传递情感，你都得学会交流和表达，因为这是我们生活的一部分。我们人际交往的好坏直接影响着我们的生活质量。而在交流中，说什么、怎么说这两点非常重要，你得让自己的发言和交流有效，引起别人的好感和共鸣，这样才会让别人喜欢你，愿意跟你交往。所以，学习一下交际当中的语言艺术吧，你会受益匪浅的!

谎言定律——要会说善意的谎言

谎话并不招人喜欢，撒谎的人更加惹人讨厌。不过任何事情都是有相对性的，如果这个谎言是善意的并且能够带来好的效果，那么撒谎也可以变成一门艺术。这并不是每个人都可以掌握得了的，成功学大师戴尔·卡耐基的继母却是个中高手，我们来看看她是怎么做的。

卡耐基小的时候可没有现在这么成功，甚至他连个好孩子都不算。由于母亲去世后无人管教，卡耐基成了一个调皮、任性、孤僻又倔强的小孩，这个小孩到处惹祸，而且不听任何人的劝告，被认为是全镇最坏的小孩。这样的“极品”小孩没有人能够奈何得了，直到他的继母出现。

卡耐基 9 岁那年，他的父亲为他娶了一个年轻的继母，他的父亲在介绍卡耐基的时候，非常严肃地提醒继母：“这个孩子是全镇公认的坏孩子，你最好提防着他点儿，否则他会让你头痛不已的！”

卡耐基听到父亲这么说一点儿也不奇怪，他冷冷地瞪了父亲和继母一眼，他可根本没有打算接受这个女人，而且他会让这个女人出尽洋相的。

不过这位继母可没有被他暗藏杀机的冰冷眼神所吓到，出乎所有人的意料，她微笑着来到卡耐基跟前，并且宠爱地抚摸他的头，狡黠地眨着眼睛对大家说：“你说的话我才不信，我反而觉得他是这个镇上最聪明能干、最活泼可爱的孩子，你看他的眼睛多有神，大家说他坏完全是在嫉妒他太优秀了！”

所有的人都知道继母是在说一个善意的谎言，别说这时对卡耐基还完全不了解，就光看卡耐基刀子般的眼神，也知道他不怀好意。但是这个聪明而善良的继母却选择给自己的继子一个美丽的谎言，或者说给了他一个新的标签、新的希望。

而她无疑成功了，卡耐基虽然表面不动声色，但是对继母的话非常在意。他不认为她说的是谎言，即使是谎言他也愿意相信，因为从来没有一个人对他说过这样的话，即使是自己的生母。

为了这句话，卡耐基开始慢慢地改变。他相信继母的话，并且觉得自己并不比别的小孩差，甚至比其他小孩都优秀。他会证明这一点是对的，所以他开始用功，并且成为全镇成绩最好的孩子，而他的继母在这一过程中继续用一个个美丽的谎言激励着卡耐基，直到它们变成现实。正是因为如此，你才看到了今天这个成就斐然的成功学大师。

善意的谎言有时候就是一剂良药，可以治愈悲观、恐慌、失望、颓废等各种心灵的疑难杂症。虽然我们不能保证它包治百病，但是在适当的时候运用一下“谎言定律”，真的可以很大程度地降低心理伤害，让人们的思绪变得更加平和。而在平和的状态下，人才会理智地思考，才能想到解决问题的办法，这对于其他人来说又何尝不是功德一件呢！

没错，我们不提倡撒谎，我们宣扬诚实，但是一个可爱的受欢迎的人却绝对不是那个拿着真话去刺痛别人的人。用一颗诚挚的心去说善意的谎言，那才是真诚的最高境界。所以，如果你够朋友的话，请在别人需要的时候，偶尔撒个他们亟需的小谎吧。这种善意的谎言于人于己都有好处，我们不求成就下一个卡耐基，但至少给一个鼓励肯定还是非常有效果的。

诺言定律——讲信用也是你自己的内心需求

中国人常说："君子一言，快马一鞭。"说的就是要讲信用，自古以来人们就对诚信有着高需求和高要求，而遵守诺言是诚信的最佳体现方式。人们判断一个人是否可交，占据首位的判断标准就是诚信守诺。对那些无论在什么时候都能遵守承诺的人，人们总是报以无尽的敬仰，比如那个抱柱守信的尾生，就一直被尊为守诺的千古标杆。

其实，遵守诺言的受益者不仅仅是你承诺的那个人，更大的受益者是你自己。抛开守诺会赢得别人的尊重不说，它更大的作用是在满足别人心理预期的同时，也满足了自我的"安全需求"。因为在潜意识当中，人们已经认定遵守诺言是对自己人格可信度的一种保障，为了让自己的保障更加牢固，所以通常会对自己所说的话负责，尤其是那些公开的言论，更加会努力地去执行。美国的著名总统罗斯福就是用这条定律来戒烟的。

美国总统罗斯福本来是一个烟瘾很大的人，然而，他第一次戒烟就成功了，不像大多数烟民那样反反复复，最终也没能戒掉。有人向罗斯福请教秘诀，他说："这很简单，我把要戒烟的决定告诉我身边所有的人，家人、下属和朋友等。这样，我就真的不好意思再吸烟了。"

心理学认为，承诺能使人更加明确目标，更加自觉地注意自己的言行，尤其是公开承诺具有更大的效用。承诺能对承诺者产生一种约束力，告诫人们要对自己的决定和行为负责，避免他们因为各种不利的因素而选择退却和逃避，并鼓励人们战胜困难，实现自己决定的目标。为了验证它的准确性，心理学家还曾做过这样一个实验：

心理学家请一些志愿者看一部录像片。然后，他们被分成四个小组，以不同的方式表达自己对录像片的看法。第一组为无承诺组，即不需要把自己的看法说出来。第二组为弱私下承诺组，他们需要将自己的看法写在一块魔术板上，但只需要轻轻一抹，所有的字就会消失，不会留下任何痕迹。第三组为强私下承诺组，要求他们把自己的看法写在纸上，而且必须让别人看到，但不需要署名。第四组为公开承诺组，志愿者将自己的看法写在纸上，签上名，并将这张纸上交。

接着，专家们让志愿者们进行讨论，不过，他们预先安排了另一些志愿者分别发表同一观点，之后，再统计志愿者们观点的改变情况。结果发现：无承诺组绝大多数都没有坚持自己的观点，而跟随了那些预先安排的志愿者；弱私下承诺组和强私下承诺组的从众率呈下降趋势；而公开承诺组的志愿者几乎没有人改变自己的看法，他们往往据理力争，坚持自己的观点是正确的。

因为做出了公开承诺，所以为了维护自己前后一致的形象，公开承诺组的志愿者们不惜争个面红耳赤来遵守之前的承诺。可见，在人的潜意识中，出于对安全的需要而从心底认可并遵守着诚信。

因此，对于诺言，受到最大影响的不是被承诺的那个人，而是做出承诺的那个人。除非自己已经变得脸厚心黑，否则承诺一旦做出，就会形成一种道德约束，违背承诺是会受到良心谴责的。虽然承诺有时只是一句话，但是这句话你说了，别人听了就会放在心上。所以，要么你就别乱承诺，要么就要说话算数，别因为一句话被别人看扁了。语言既然是人们沟通的桥梁，那为了让这座桥梁更加稳固，我们当然得拿出一言九鼎的气魄，时刻为自己说过的话负责。

赞美定律——人人都爱听好话

俗话说："良言一句三冬暖，恶语伤人六月寒。"从你嘴里说出来的话是不是好听，直接会影响到别人的心情，所以会说话的人绝不会专拣那些别人不爱听的去说的，可是有的人偏偏对所有的人都"直来直往"，尤其是这种人还总是能"一语中的"，不把别人的忌讳拿出来晒晒太阳就不甘心。想想看，这样的犀利哥、犀利姐在人群中又怎么可能受欢迎呢？

再反观我们自身，别人说什么样的话你比较爱听呢？你是不是也爱听那些夸你聪明、漂亮、能干、有才华的好听话呢？即使你知道他们说的未必是真的，有时候连你自己都能明显听出那是恭维甚至奉承，但是这并不妨碍你内心的沾沾自喜。而对于那些动不动就挑你刺儿的人，即使你知道他说的没错，但你是不是也会觉得对方面目可憎，离他越远越好呢？

为什么会有这种差别呢？美国心理学家威廉·詹姆斯说得好："得到别人的赞赏是人性中最本质的渴望。"因为你渴望被别人赞赏和肯定，别人赞美了你，你的这种渴望便得到了满足。赞美的话传递的正是这种信息，因为对方认可了你的价值，而那些犀利尖锐的批评和指责有时候固然是为你好，可是却否定了你的努力和价值，让你觉得自己很失败，甚至觉得人生很没劲。为了重拾快乐和重建自我价值，你当然愿意选择接受那些积极正面的言论，而且对那些赞美你的人心存感激，也愿意跟他成为朋友或者跟他交谈。这就是人际交往当中的"赞美定律"，人人都爱听好听的话，并且对那些赞美自己的人报以好感和感激，希望能跟他们成为朋友。下面的这个例子就可以非常明确地证明这个定律的存在和合理性。

在一场演奏会上，一位初出茅庐、名不见经传的年轻人在演奏之后，遇到了一位举止优雅、气质出众的女性。这位女性对年轻人的表演给予了热烈的赞美，她说："你今晚的表演太精彩了，有十足的大家风范，听得每个人都激情澎湃、热血沸腾。相信我，你一定会成为一位伟大的演奏家的！"

想想看年轻人听了这番话后会是什么感受？一个尚未成名的年轻演奏者，在这样的场合听到这样一位看上去如此高贵而有涵养的女士的赞美，无疑会让他受宠若惊。即使不善言辞，他也会对这位女士感激万分，而且对她抱有强烈的好感。这种好感不是男女之间的那种感情，而是一种纯粹的陌生人之间在一瞬间建立起的情感，而它很显然会成为一种友谊或者相识的桥梁。所以，年轻人结实了这位女伯乐，而这位女性也多了一位忠实的艺术家朋友！

赞美就是这样一种快速有效的交往方式，它是交际语言学中主要的组成部分之一。因为人人都爱听赞美的话，所以对于说好话的人更加容易产生好感。不过，虽然好话在人际交往中很管用，但也不是随便说说就能让人心悦诚服，让你成为对方喜欢的人。赞美作为一种实用的语言艺术，必须是言之有物的，就算你要拍马屁也得拍对地方，要是不小心拍在马腿上，当心那匹马抡起蹄子踹你一脚。看对人、说对话、夸对点才是"赞美定律"的不二法则，千万要记住：不但要夸，还得把别人夸对、夸好、夸美了！

相悦定律——你喜欢谁，谁就喜欢你

如果你开始很喜欢一个人，但是对方对你的热情无动于衷，你会怎么样？可能开始时还会积极主动，但是渐渐地这种热情消退了，对于这个对你一点兴趣都没有的人，你对他的兴趣也会慢慢失去。恋爱中的男女经常会相互问这样一句话："你喜欢我什么？"回答也许五花八门、各出奇招，但是心底却有一个声音是这样说的："我喜欢你是因为你喜欢我啊！"当然，这个理由是我们最羞于开口的，因为这显得非常自私而又毫无诚意。可是事实却是，因为对方喜欢自己而喜欢上对方的成分占据了主导地位。

这些都是因为"相悦定律"在作怪，"相悦"顾名思义就是相互喜欢，而"相悦定律"则道出了一个人是否喜欢另一个人的非常重要的一个因素，那就是对方是否也喜欢他。因为人们都喜欢那些喜欢自己，并且可以带给自己快乐的人，对方吸引你是因为他可以让你感到高兴，而且你在潜意识当中认为他也将会喜欢你。相反，要是对方像我们开始时说到的那样对你传递出的好感和热情无动于衷，那么你自然也就会很快冷淡下来。所以，如果你伤了男朋友的心，并且把他踹了，当你发现他在不久之后又找到一个新女友时，请不要愤愤不平，你都不喜欢他了，还指望他在原地等候，一直爱你到天荒地老吗？别傻了！

当然，"相悦定律"的主要作用并不是教你如何谈情说爱，它的最大的好处之一是可以帮你建立良好的人际关系，不相信？看看乔·吉拉德是怎么做的。

乔·吉拉德被誉为世界上最伟大的推销员，这位推销员霸占了《世界吉尼斯纪录大全》世界销售冠军的宝座足足12年之久。在1963年到1977年之间，吉拉德一个人卖出的汽车有13001辆。在当时这简直就是一个世界奇迹。

吉拉德是怎么做到的呢？其中非常重要的一点，就是他知道如何让他的客户喜欢他。每逢节假日他都会给他以前或者潜在的顾客寄去一张问候卡，而且在每张卡的封面上都写着这样一句话：我喜欢你！

是的，就这么简单，吉拉德告诉他的顾客们他喜欢他们。由于“相悦定律”的作用，他的顾客在看到这样的留言时，也会不由自主地喜欢上他，并且很有可能再次光顾甚至将他介绍给自己的朋友。这让吉拉德的人缘变得非常好，人们将他当成自己的朋友，并且愿意照顾他的生意。这也是他能成为世界上最伟大的推销员的一个最为重要的前提。

乔·吉拉德为我们展现的是一个非常典型的营销学案例，但是它对人际关系的巩固和建立同样有用，你没看到他的那些客户因为他的喜爱已经变成了他的朋友吗？我们同样可以运用这个方法拓展自己的人脉。如果你觉得直接对你想要交往的人说“我喜欢你”让你感到不好意思，你当然可以选择其他方法，但是你一定要让他感觉到你确实是喜欢他的。慢慢的，他就会受到这种愉快气息的感染，反过来喜欢上你，这样你就又多了一个朋友。之所以将“相悦定律”放在交际语言艺术中来说，是因为虽然它并不是一种多么高明的口才，但不管是说出来、写出来还是做出来，都是需要你去用真诚有效的语言传达的。

称呼法则——亲近源自你选择的称呼

如果你今年三十岁，你是希望别人叫你大姐还是美女？是希望别人叫你大哥还是帅哥？

如果你是某公司的中层管理人员，你是希望别人叫你李副经理，还是直接叫李经理？

如果你自认经历峥嵘岁月，且德高望重，你是希望别人喊你老王，还是尊称王老？

如果你对某男颇有好感，你是希望他礼貌地称你为沈女士，还是亲昵地叫你安妮？

……

所以，你看，称呼很重要，一个称呼直接影响到你对别人或别人对你的印象。想想看，如果你去菜市场买菜，那卖猪肉的大哥看上去比你老上好几岁，却为了表示“尊敬”亲切地称你为“大姐”时，你买他猪肉的热情还有多少？是不是也会在心里暗暗发誓：“以后休想我再买你的肉！”

一个称呼，你叫对了，别人喜欢你，就愿意跟你接触；要是一不小心叫错了，那小则惹别人不高兴，大则给自己惹麻烦。要是你倒霉地因此得罪了对你有影响的人，穿不完的“小鞋”没准就在前方等着你呢！

为什么会这样？不就是个称呼吗？至于这么小题大做吗？当然至于！

要知道，称呼虽小，可是却关系到被称呼的人的自尊、身份和在别人心目中的地位。要是你称呼错了，那无疑是对他的自我认定的一种破坏。

他觉得自己的价值、地位、身份、容貌等一系列已经形成的心理预期被否定了，那种心理的落差可是非常让人不好受的。你否定了他的价值，伤害了他的自尊，让他变得非常难受，那你还指望他会对你有什么好印象，给你想要的什么好处吗？简直是痴人说梦。

所以，在称呼别人时，我们一定要遵从“称呼法则”，根据对方的身份、年龄、职位等一系列他引以为傲或害怕承认的心理需求为前提，衡量和选择最适当的称呼给对方。这样才会让对方觉得你是一个可爱的人。

而称呼法则最大的忌讳就是“直抒胸臆”，想当然地随便给别人加称呼。不要觉得那些虚名都是浮云，你不在意的东西未必别人就不在乎；也不要以为别人都那么宽宏大量，可以容忍你的无知和冒犯，觉得人家会“大人不计小人过”，这点小事不会放在心上。如果你是这种心态，那你的人缘肯定好不到哪儿去，即使你有不少铁哥们儿，那也必然是苦心经营、日久见人心的结果，初次见面的人肯定是指望不上的。

不管一个人的地位高低、心胸的宽窄和受教育的程度如何，他希望得到别人的尊重这一点是毋庸置疑的。瑞典国王卡尔·哥史塔福访问旧金山时，一位记者问国王希望别人怎么称呼自己。他说：“你可以称我为‘国王陛下’。”这个回答再明白不过了。

想通过称呼别人达到好的人际效果，那就得让自己的嘴巴甜一点，在每一个称呼中都传达出“你很好”“你很重要”“我尊敬你”这样的信息。除了长幼有序、男女有别之外，还要注意根据亲疏、远近、上下、地域等不同因素来判断，你需要对每个人的具体情况都有大致的了解，“看人下菜碟”才能让每个人的“胃口”都得到满足！

道歉定律——从失去到得到的转折点

没有人想出错，每个人都希望自己做的事情百分之百正确，可是事与愿违的情况在我们身上发生的频率太高了，以致于我们对自己的错误想视而不见都很难。不过，犯错虽然在所难免，可是犯错后人们的反应可谓是千人千面：有的选择掩耳盗铃不去面对，有的选择文过饰非拼命掩饰，有的宁死不屈死不认账，有的直截了当乖乖道歉……

在错误发生之后，选择不同的方式会产生不同的结果，而且根据情节的严重程度和当时的具体状况，每一种处理方式都有它的利弊。比如，一件小事你耍了个心眼儿掩饰过去了，原本造成的伤害就不大，而现在你又将自己的错误掩饰得很好，那么别人对你的印象自然一如既往的好。如果这个错误造成的影响很严重，你也一推六二五来个死不认账，也许你可以暂时不用承担责任，但是必须忍受别人在背后对你指指点点。

如果你选择承认错误，也许别人会因此怀疑你的能力。我们其实是非常害怕别人对我们的能力进行质疑的，也害怕因此而让别人看扁了自己，更害怕随之而来要承担的责任，所以很多时候我们在内心对承认错误是非常排斥的。可是从长远的利益来看，直接道歉其实是最明智的一种选择。因为虽然表面上我们好像失去了形象分，能力也受到质疑，但是我们却因此获得了谅解和改正错误的机会，还会因为勇于道歉而得到信任和尊敬。

正如银行家特里的一句管理名言："承认错误是一个人最大的力量源泉，因为正视错误的人将得到错误以外的东西。"这就是"道歉定律"，在这里也被称为“特里法则”。而我们因为正视错误所得到的，除了别人的信赖和尊敬之外，更获得了端正的态度去改正错误，也避免再犯同样的错误。可见，其实道歉是从失去到得到的转折点，你失去的只是这件事的成功和一点点安全感，但是得到的却是更多的回报。看看马修是怎么从失去当中得到的吧！

马修是一家公司的会计。在核对员工工资表的时候，因为疏忽，他错误地给了一位请病假的员工全薪。当发现这个错误之后，他立即找到这位员工进行解释，并且要进行纠正，多发的薪水会在该员工下个月的薪水中扣除。这让这位员工非常不满，因为他的薪水都是有安排的，而且因为生病他最近的财务已经很紧张，如果下个月的薪水一下子被扣去很多，会让他的财务出现严重问题。所以他请求马修分期扣除多发的薪水。

但是这样一来，马修就必须向上司请示，这样无疑就等于让这个本来可以神不知鬼不觉地掩饰过去的错误大白天下。告诉上司自己犯了一个多么愚蠢的错误，这会严重影响一向对马修信赖有加的上司对他的印象的。马修一开始也很犹豫，可是错误是自己造成的，而且给别人造成了困扰，自己当然不能坐视不管。所以，他先向这位员工道了歉，并且承诺会尽全力向上司争取，这位员工自然是感激不尽，而且放下心来。另一方面，马修很快来到上司的办公室，将事情的来龙去脉解释清楚，随后对上司说：“对不起，都是我的错！”

上司听了开始非常恼火，他是很信任马修的，在心里希望为他开脱，所以他大骂人事部门的人没有将事情办好，但是马修非常诚恳地继续道歉：“我非常抱歉，以后这种事情绝对不会再发生！但这一次，确实是我的错！”

“好吧！”上司说，“没错，这的确是你的错，那么现在你就将功补过，这件事情全权交给你去处理，别再办砸了！”于是，马修根据员工请求和公司规章很快将这件事情处理好了。错误得到了及时改正，并且没有给任何人造成麻烦，马修做得很漂亮，而且既获得了上司的信任又得到了那位员工的感激。自那之后，大家对他更加信赖，老板对他也更加器重了。你说，马修是不是因祸得福呢？

其实这当然不是因祸得福那么简单，做错了能及时道歉不仅可以清除自身的罪恶感，也有利于解决错误所造成的问题，更能为自己建立起一个诚实守信的形象。试想：人们是愿意跟一个巧舌如簧表面上不会犯任何错误的人交往，还是喜欢跟一个看起来不那么聪明甚至常常犯错却从不掩饰、及时道歉并修正错误的人交往呢？现在你知道如何去做了吧。

幽默定律——幽默的人永远受欢迎

不知道你发现没有，有的人你跟他在一起感觉味同嚼蜡，这多半是因为对方木讷、庸俗或无趣；而有的人却总能让你开怀大笑，你觉得跟他在一起生活变得那么美好，这多半是因为对方机智、幽默或有趣。想想看，你更愿意跟哪个人交往和聊天呢？多半是那个机智、幽默、有趣的人吧！

当然，这不是说木讷无趣的人就是品质不好，不值得我们去交往，只是单就交往“舒适度”而言。有幽默感、会讲笑话、懂得自嘲的人确实在人群中更加受欢迎，更容易得到众人青睐。我们千万不能小看幽默，它可是衡量一个人的社会适应性的重要指标，它也是一种能力，而且其价值一点也不比工作能力小。

一个懂得运用幽默愉悦别人、放松自己的人，无疑会给人一种豁达开朗的印象。他们独到的见解和精辟、准确的语言处处体现了他们的睿智。恐怕只有那些头脑灵活的人才能如此迅速地根据各种语言环境做出精准的判断，而且用好笑却不伤人的语言表达出来，这样的人浑身上下散发着属于自己的魅力，又怎么可能不处处受欢迎呢？

幽默需要的不仅仅是语言的功底，更需要一个聪明的大脑，所以那些幽默的人往往成就非凡，这不仅是因为幽默为他们赢得了好人缘，更因为幽默本来就是他们自身高素质和高智商的一种体现。比如奥普拉，她没有傲人容貌和魔鬼身材，可是这并不影响你对她的痴迷，你完全折服在她机智幽默的语言当中。而且你会觉得，即使她不做主持人，也同样会是一位能力出众的女强人。尽管她除了“脱口秀”之外没有真的去做过实业、开过公司，但是你也一样会觉得她能力非凡、工作出色。

所以，虽然我们一再强调说得好听不如做得漂亮，但是我们的耳朵却依然倾向于那些干得虽然没那么漂亮但是说得很动听的聪明人。而这些人往往就是“幽默定律”的最佳运用者，他们用幽默赢得好人缘，同时也为自己的成功消除了很多的阻力。谁让我们的耳朵就是喜欢听那些有趣又机智的话呢！

来看看鲍勃吧，他就是用“幽默定律”将自己丢了的工作重新得到手的。鲍勃很聪明也挺能干，但就是有一个坏毛病——爱迟到！虽然迟到并不会影响他做事的效率，却给公司带来了很坏的影响，因为大家的工作热情肯定会因为一个人的迟到而受到影响。所以上司在鲍勃又一次迟到后非常严厉地对他说：“鲍勃，你听着，我已经忍无可忍了。如果你再迟到，你就收拾东西走人吧！”

鲍勃因此很是小心了一段时间，但是不久之后，他又一次故态复萌迟到了。在他踏进办公室的那一刻已经感觉到大事不妙，因为办公室里安静得有些吓人，同事们同情地看着鲍勃并且不停地朝他使眼色。这时，上司从办公室里走出来，看到鲍勃后脸色马上变得很难看。但是没等上司开口，鲍勃就立刻上前去握住上司的手，然后笑着说：“你好，我是鲍勃，我是来应聘的。听说你们这里在半个小时前刚刚有个职位空出，我想我应该是来得最早的应聘者，希望可以捷足先登……”

说完之后，鲍勃满脸歉疚又满脸期待地看着上司，同事们因为这个搞笑的求职桥段都憋不住哄堂大笑。上司也笑了出来，又看到鲍勃有悔过之意，于是决定放他一马：“我们的工作最讲求时间和效率，既然你来应聘那还愣着干什么，还不赶紧工作！”于是鲍勃的工作就这样保住了。可以想见，其实鲍勃今天的幽默求职跟他平时的幽默本性是脱不了干系的。虽然他屡犯错误，却依然能得到原谅，可见幽默已经为他积累了非常好的群众基础，大家当然是不愿意他走的，包括他的上司在内。

现在你看到了，幽默就是这样一种好东西，它可以做我们的人际润滑剂、职业升降机，它可是口才家族一个十分重要的组成部分，不容我们小觑哦！

口才定律——没有口才便无交流

有句老话说："话是开山斧！"意思无非就是语言能为我们的事业开疆扩土、披荆斩棘。这把开山斧是不是真的那么好使，我们且不去管它，但是有一点是可以肯定的，那就是如果没有语言，人与人之间交流起来一定很困难。试想，如果两个人坐在一起大眼瞪小眼，谁也说不出来话，那将是一副怎样尴尬的场面啊！

现在你知道市面上那些关于口才的书为什么一直卖得那么火了吧。因为它最起码可以让你学到一些技巧和方法，让你在面对别人的时候有话说、不尴尬。当然，还有更重要的，那就是流利的口才的确可以让你在众人中脱颖而出。因为要探究一个人到底有几斤几两实在是需要花很大工夫的，而现代人又没那个"路遥知马力"的时间和耐心。所以，能直接通过口才将自己的优点和才干展现给大家，其实是非常"快捷"的方法！的确，一个人有思想很重要，但是我们绝对不能让自己的思想成为"独家珍藏"，只有将自己的思想用语言表达出来，它才可能绽放光芒，才可能创造价值。单就这一点而言，说话的确是非常重要的一项才能。所以演讲学教授邵守义才会说："是人才未必有口才，有口才必定是人才。"

也许你觉得这话有些言过其实，夸夸其谈的人多得是，绣花枕头更是不在少数。的确如此，但是我们却不能否认，这些夸夸其谈的绣花枕头的确得到了很多别人得不到的机会，而机会是会让一个原本平凡的人变得卓越的。这就是我们不得不信奉的"口才定律"，口才的确可以让你变成优秀的人才！

不信？那你看看美国著名的总统林肯是怎么苦练口才的。林肯虽然脑子不笨，但是嘴巴却不灵。如果他只是想当一个普通人，那也没什么，可是他当时的职业理想却是成为一名律师。律师啊，嘴巴笨肯定是不行的，那样太不利于辩论了。所以，为了改变这一状况，他每天徒步走30英里，只是为了到一个法院去旁听律师们的辩护。经过不懈努力，这位原本口齿不是很灵活的年轻人最终成了律师，后来还通过竞选当上了总统。

日本的前首相田中角荣也是如此。也许你不知道，田中角荣原本是个口吃患者，话都说不利索。可是他又是一个胸怀大志的人，他深知笨嘴拙舌一定会给自己的事业发展拖后腿，于是他几乎天天朗读，并且对着镜子纠正口型和舌根的位置，简直可以用自虐来形容。

这些成就卓著的人为什么要这样？因为他们懂得口才的重要性，它就像一件外衣，要想让别人了解自己的内涵，起码你的“衣服”得先让人看着不讨厌。别人愿意跟你交流，喜欢听你说话，进而相信你说的话，你才有可能让语言之外的才华有表现的机会，而这种机会的到来，无疑是跟成功直接挂钩的。

此外，口才不单单是嘴上功夫，它还会在你表达的时候调动你的思维，让你的脑筋变得灵活起来，你会发现自己因为口才的进步，脑子也变得越来越灵光。如果你能变得“言之有物、言之有序、言之有理、言之有情”，这样的一个“四有”之人会给别人什么感受呢？当然是魅力四射的感受了！所以想想吧，你还觉得那三寸不烂之舌其实毫无用武之地吗？趁早练起来才是对的！

身体语言效应——口不对心容易，身不对心很难

除了你的嘴巴之外，你身体的任何一个部位其实都会表达思想。所以，即使你嘴里所说的话不是那么可靠，但是你身体的语言往往不会撒谎。虽然我们的大脑可以控制我们的嘴巴，却很难控制我们的身体跟嘴巴同步。除非你说的是真话，否则你的身体就会出现各种“不适反应”。

有一个娱乐节目，游戏的内容是让嘉宾判断台上的人所说的话是真是假，台上的人或是准备充分能做到说假话而滴水不漏，或是说真话根本无需准备。除了那些表现较为明显的破绽之外，对有些人嘉宾其实很难判断他们究竟有没有说谎。但是嘉宾可以求助，在舞台的另一边有个后援团，他们由三位资深的专家组成，其中有一位是微表情和微动作专家。这位专家真的非常厉害，不管台上的人说了什么，他都能通过对方的某一个表情或动作来判断出对方是否说了假话，所以几乎没有一个撒谎者可以逃过他的法眼，相信他的分析的嘉宾也都顺利过关。

这位专家自然是通过一个人的身体语言来判断一个人说的话到底是真是假。为什么他能对每一个人说的话立刻做出判断呢？除了细致入微的观察之外，一个心理学家必备的知识是少不了的。心理学家都知道身体语言具备有声语言所无法比拟的真实性，也就是说人可以做到“口是心非”，却很难做到“身是心非”。这是因为语言往往直接受大脑控制，可以第一时间按照大脑的指令做出反应，可是身体的动作变化却没有这一习惯，而且距离大脑越远的部位越不容易受到它的控制，所以越容易说真话。这位

微动作专家正是根据身体语言和表述语言的不协调来判断真假的。

虽然我们不是心理学家，但在和别人交往的过程当中，我们每个人都可以通过细致入微的观察来判断对面那个人的真实内心是怎样的。当然，心理学家的专业知识摆在那里，我们的专业素养和观察能力也许无法与之媲美，但至少我们可以不让对方牵着鼻子走，说什么就信什么。比如，你遇到的陌生人，在你的面前时，总是双臂交叉搭在胸前，则说明他不愿意同别人接近，或是戒备心强，想在心理上远离你；在你说话时，不时地用手指敲打坐椅的扶手或是写字台桌面，则表明他心绪烦乱；而在你说话时，不时地摸鼻子或拉耳朵，则说明你的话把他弄糊涂了……尽管这些人什么都没说，但是他们的动作就是最好的表达。你完全可以去了解一些最基本的身体语言并验证它们的正确性，从而让自己更好地判断他人所说的话是真是假；其人是否友善，是否可信。

没错，也许你依然没有办法短时间内成为一个洞察别人心理的专家，但是至少你又学到了一些知识，让自己更加了解别人。而且很快你就会发现，这是一件非常有意思的事情。想想看，一个人嘴上说的跟他身体说的完全驴唇不对马嘴，是不是也非常搞笑呢？你是不是也觉得自己成了一个袖手旁观却心如明镜的高人呢？不过，你也别把自己的骄傲表现得过于明显，否则，你一下子就让对方的谎言华丽丽地暴露在光天化日之下，还有谁愿意跟你交朋友呢？

倾听定律——倾听也是一种语言

一个人有两只耳朵，却只有一张嘴，这说明上帝在造人的时候就在暗示我们：要少说多听！“言多必失”是句古训，大家都知道。但“听得多，收获多”这句话，请你也要务必牢记。美国心理学家斯坦纳说：“在哪里说得愈少，在那里听到的就愈多。”这条定律被称为“斯坦纳定律”，也就是我们现在正在说的“倾听定律”。倾听有助于我们获得更多的信息，让我们更好地掌握一些有价值的东西，这显然是一种再好不过的获得方式。

不仅如此，倾听还是一种姿态，这种姿态是一种非常好的表达方式。当我们在认真倾听对方所说的话语时，无疑是在告诉对方，我们尊重他，我们愿意倾听他的心声，他所说的话让我们感同身受。倾听所传递的是一种信任、尊重和友好的信号，能让倾诉的一方感受到我们的善意和真诚，从而更加愿意跟我们交往，传递给我们更加有价值的信息。这个道理很好理解，想想看，当我们说话时如果感觉到听的人心不在焉，我们的表达欲望是不是也顷刻化为乌有了呢？相反，如果对方认真倾听并且给我们想要的回应，那么我们就会变得更愿意与他交谈，甚至把他当成知心朋友来对待。

美国知名主持人林克莱特就非常善于倾听。一次，在林克莱特主持的一档节目中，他问一个小男孩长大后想干什么。

小男孩天真地回答说：“我想当飞行员！”

“那要是有一天你飞到半空时发现飞机因为没油熄火了，你该怎么办呢？”林克莱特开玩笑地问小男孩。

“我会告诉乘客系好安全带，然后我背上降落伞从飞机上跳出去……”小男孩的回答让全场观众笑得前仰后合，大家已经完全听不进去小男孩后面的解释了。他们想当然地认为这是个傻孩子，而且觉得一个小孩子居然有如此“恶毒”的想法，实在是让人不敢苟同。所以他们一边笑一边起哄，没有人再去听台上发生了什么。小男孩似乎被判了死刑，这种场面让他的眼泪都快流出来了。

但是现场有一个人却没有这么做，这个人就是林克莱特。他完全没有跟其他人一样去嘲笑小男孩，而是更加专注而真诚地盯着这个孩子。他相信这个孩子的心中有另外一个别人想不到的答案，于是他认真地问：“你为什么要这么做？”

小男孩擦去眼泪对林克莱特真诚地说：“我要去拿燃料，我还会回来的，我还会回来的！”

看，因为不善倾听，我们错过了什么？那绝对不只是一个答案而已，它是一个稚嫩心灵当中蕴含的巨大的悲悯之情。我们错过并伤害了它。我们因为对自己的智商太过自信，而让耳朵总是处于失灵的状态。这当然不利于人与人之间的沟通，而没有沟通，交往自然也就无从谈起了。

所以，我们必须要记住：倾听是一种语言，它是有效沟通的必要组成部分，甚至比交流本身更加重要。如果想让自己的人际交往变得畅通无阻，除了会用嘴巴说，我们还要会用耳朵和心去认真倾听别人的声音，因为倾听是所有表达方式当中最美的。当你真正掌握“倾听定律”，认真倾听时，你就会发现自己的人气居然越来越高了。因为，在你认真听别人说话的时候，别人已经接纳并喜欢上你了。

白德巴定理——管住自己的舌头是美德

俗话说："光说不练假把式。"口才当然重要，可是如果光有口才而无行动，那早晚都会被扣上"假把式"的帽子。三寸不烂之舌当然有助于让别人认识我们，也有助于帮我们树立起在别人眼中的光辉形象，可是当别人认识并欣赏我们之后，我们更应该适时地拿出点真本事来。嘴皮子再厉害，到了关键时刻还是得看实际行动。

有这样一个寓言故事，说有一只狐狸号称博学多才，因此受到森林当中各种动物的尊重。因为他一开口就能滔滔不绝地说出天南地北各种各样的新鲜事，这些事情都是大家闻所未闻的。他讲的道理也都是有理有据、不容置疑和反驳的。所以，狐狸先生成了森林中智慧的化身。大家都用崇拜的目光看着他，而他也因此沾沾自喜，越来越不把其他动物放在眼里。

有一天，狐狸在林中散步，遇到了一只小猫。小猫遇到了才高八斗的狐狸先生自然不肯轻易把他放走，它殷勤地问道："尊敬的狐狸先生，最近的日子越来越不好过了，你是怎么生活得如此惬意的，能告诉我吗？"

狐狸看了看小猫，不屑地说："你只不过是只会抓老鼠的小猫而已，有什么资格问我如何生活？你还是先说说你有什么本事吧！"

小猫越发谦虚地说："除了抓老鼠我只学会了一样本领，那就是当狼和恶狗来的时候，我会迅速地爬到树上逃生。"

狐狸的眼神越发变得轻蔑："这算什么本事？我可是熟读百科全书，上知天文下晓地理，而且十八般武艺全都了然于心，身上还有各种锦囊妙计。你太可怜了，还是让我来教你对付恶狗的绝招吧！”

狐狸正要得意地解开自己的锦囊，突然发现几个猎人带着猎狗来到了森林。小猫“哧溜”一下爬上了树，然后对狐狸说：“狐狸先生，快打开你的锦囊看，拿出妙计来脱身啊！”

可是还没等狐狸把锦囊拿出来，一群猎狗已经扑上来把它抓住了。

在树上的小猫叹息道：“狐狸先生，你虽然有满腹经纶，而且会十八般武艺，可惜却使不出一招半式。你要是也像我似的会爬树，也不至于落得如此下场啊！”

这就是光说不练的下场。因为说得再多再好，都不如实际的行动更有说服力。光说不练当然算不得真正的口才，真正能获得好人缘的好口才应该是说到做到才对！

而且，你是不是也发现一个规律，那就是说得越多，错得也就越多。一不小心，某句话就成了别人的话柄。同时，如果我们说的话总是兑现不了，那么除了让别人鄙视，进而陷入人际危机之外，自己的内心也会同样不安。

所以印度古代哲学家白德巴说：“能管住自己的舌头是最好的美德，而善于约束自己嘴巴的人，会在行动上得到最大的自由。”这就是“白德巴定律”。如果能够管住自己的舌头不让它乱说话，我们说出来的话就会掷地有声，更有分量，同时也不会为了那些多余的话去浪费精力为它负责。那么，我们在行动上当然也就自由了许多。

欲扬先抑定律——好话留到后面说

语言艺术当然不止是把话说出来那么简单，你要说得有技巧、有方法，才能达到想要的效果。表达很重要，如何表达更加重要。你一定也很想知道有没有一种方法来提升自己的口才利用率，让你说的话更加有价值、有分量。那么不妨试试“欲扬先抑定律”，它可是一个提高说话质量的好方法呢！

“欲扬先抑定律”是让我们在说话的过程中采取先贬后褒、先抑后扬的策略。先让别人的心情沉到谷底，或者让自己的表达在开始时没有任何波澜，然后再一个大浪推向高潮。这样做既能让人耳目一新，又能让听此话的人因为突如其来的赞美而产生飘飘然之感，收到非常好的效果。

你还不知道如何具体操作？那就让铁齿铜牙的纪晓岚来为大家演示一下吧。

一次，纪大学士去为一位老太太祝寿。享誉朝野的才子来为老人祝寿，主人当然脸上有光，但是纪晓岚的嘴有多厉害也是众所周知的。所以主人在高兴之余，也不免有些担心。当主人请纪先生开尊口说两句时，主人担心的状况果然发生了。

这纪大学士上来就是一句：“这个婆婆不是人！”

众人一听全都大吃一惊，这纪晓岚怎么这么说老夫人呢？就算他是才子，是高官，也不能这么目无尊长啊。主人的脸上当然也挂不住了。

正在这时，纪晓岚马上来了一句力挽狂澜：“九天仙女下凡尘。”

众人一听大喜，一片叫好。谁知，主人的脸刚刚阴转晴，纪晓岚又来一句：“生个儿子却做贼！”一下又把气氛带到冰点，儿女们个个恨意顿生，怒气冲天。

纪晓岚笑着看看大家，说出了最后一句：“偷得仙桃献母亲。”

这下大伙才领略了纪大学士的高才，老夫人乐得合不上嘴，儿女们也个个喜上眉梢，出席的宾客更别说了，高兴之余都赞叹纪晓岚会夸人，不愧是铁齿铜牙！

这就是欲扬先抑的口才定律。你要把话说得圆满，不等于让每句都滴水不漏，有高潮有低谷、跌宕起伏往往更容易引人入胜。当你将气氛推向高潮时，还怕大家不对你刮目相看、肃然起敬吗？

当然，人们之所以会吃欲扬先抑这一套，是因为每个人都有一种“朝三暮四”的心理诉求。这里的“朝三暮四”当然不是见异思迁的意思，而是它的本意。它源于一个著名的寓言故事，在供给物品总数量和质量相同的情况下，猴子们因“朝四暮三”而勃然大怒，却在“朝三暮四”的时候喜笑颜开。

在这个方面，我们人跟猴子这个“祖宗”没多大区别。任何事情都是这样，如果起初给的少，我们以为会一直这么少下去，虽然心里郁闷，但是也差不多形成了一种心理惯性，基本可以接受。这时候如果突然多给了一些，我们就以为占了很大便宜，心里自然高兴。

“欲扬先抑定律”正是通过人们的这种心理来发挥其效用的。如果你也想成为人群中那个会说话的受欢迎者，这个欲扬先抑的法子不妨拿来在适当的场合试一试，没准儿会有惊喜发生呢！

7±2 法则——会说话就别废话

除了会说好话的人，你还喜欢听什么样的人说话？肯定不是那些说话主次不分、没有条理、冗长啰唆的人。要知道，会说话的人其实是从来不说废话的。说得少，说得好，又能说到点上，让别人能记住的人，才更容易让人欣赏。相反，虽然很能说，一开口就滔滔不绝，但是却听得人云里雾里、不知所云的人，怕是人人都避之惟恐不及的！

你是否遇到过这样的推销员，他不木讷，不自卑，不内向，跟任何人说话都不胆怯，而且被你拒绝了多次，他依然锲而不舍地向你介绍他的产品。你都觉得不好意思了，而刚好你对他的产品原本还有些想要了解的意愿，所以你停下来给对方一个机会，让他来介绍这款产品，甚至本来你也有些想买来着。

可是听了他的介绍，你却不想买了！这是为什么？因为他说了很多关于产品、关于优惠的东西，可是你一句都没听懂，不知道这个东西的优点在哪里，它为什么适合你，你凭什么购买它……那些你最想了解的东西，他好像一句也没说到，而他说的那些东西，你一句也没记住。很显然，你的耐心很快就会被磨光，而且你原本的购买意愿也一并被消磨干净了。结果是你什么都没买，并且觉得自己的时间和精力被这个无聊的推销员浪费了，所以你开始讨厌他，而他费了九牛二虎之力也没谈成一单生意。

这样的一个推销员很显然是失败的，他所谓的口才只不过是不知所谓的长篇大论，让人听不到任何重点，自然也得不到顾客的喜爱。这样的人必然销售业绩不佳，人缘也不会好到哪里去。

推销是如此，人际关系的建立同样如此，你想让别人记住并喜欢你，语言很重要，但言之有物更加重要。说话有条理、有重点可是口才修养的一个非常重要的组成部分呢！

之所以会有这样的结果，还是得说说我们自己的大脑。人的大脑短时记忆是有限的，它只能记住自己认为关键的东西。如果东西太多，又毫无条理可言，那你就别怪它要罢工了。

心理学家米勒曾经给志愿者一组随机数字或字母，让志愿者读一遍，然后让他们在没有任何提示的情况下，按照原有的顺序将这组数字或者字母默写出来。

结果发现，大部分的人能准确地回忆出其中的 7 个数字或者字母，记忆力好一些的最多能够回忆出 9 个，而差一些的也至少能回忆出 5 个。米勒认为：在短时记忆中，人对“信息块”的接纳范围是 5 ~ 9 个之间，而大多数人的上限是 7。也就是说，人的短时记忆是 7 ± 2 个组块。由此我们得出了神奇的“7 ± 2 法则”。

很显然，这个法则告诉我们，大脑接收的信息并不是越多越好，我们的极限是 7 ± 2。所以话不是说得越多越好，要说得少而得当，人家才会记住。

所以，话说多了、说乱了就会变得没有用了，都会成为废话。人们为听废话浪费了时间可是会不高兴的，你把一个人惹得不高兴了，对方还会喜欢你吗？

自我暴露原理——分享秘密拉近关系

如果只想要泛泛之交，那么当然要保持神秘感，这样才更具有吸引力。但是如果你想跟对方成为莫逆之交，让他跟你无话不谈，那么你就不能把自己藏得太深。把一些不为人知的小秘密说给对方听，他会更加信赖你，觉得跟你更亲密，自然更加愿意跟你接近，把他自己的心里话吐露给你听。

很多心理咨询师就是用这种方法让他们的“患者”打开心防的。我们知道来进行心理咨询的人往往都有些心理问题，他们通常都很敏感，而且心理防线非常牢固，不会轻易把自己的心事说给别人听。所以，聪明的心理咨询师往往会拿出自己的心事跟他们说说，暴露一下自己的苦恼和缺点，让对方觉得大家都是一样的人，都有各自的不如意。这样，再来聊他们的话题就会变得容易得多，也更容易让对方信任自己。

这种沟通方式非常有效，因为它运用了一个原理叫作“自我暴露原理”。将自己隐藏的真实一面通过自愿和有意的方式暴露给别人，而所透露出来的关于自己的一些真实情况，是对方不可能从其他人那里了解的。也就是说，因为你的自我暴露，你们之间有了共同的秘密，而且对方也对你有了进一步的了解，这能让彼此的关系得到加深。

同时，你所暴露的秘密或者缺点，除了让对方产生某种共鸣之外，还会让对方的心理出现某种平衡。当对方了解到我们其实也没有看上去那么好，而且倒霉的事情一大堆时，他们心理上就会感觉舒服一些。这倒不是说人们都有幸灾乐祸的心理，而是因为你的自我暴露会让对方消除自身的自卑感。原来看上去事事如意的你也有这么多烦心事，那么他还有什么好抱怨的呢。

心理学家还发现，一个人人际关系的好坏和他自我暴露的程度有着直接关系。因为自我暴露会促进双方对彼此的信任程度和接纳程度。自我暴露得越多，说明信任和接纳也就越多。因此，适时地说出你的秘密，适度地自我暴露会给你带来非常好的人缘。从某种程度上说，自我暴露的广度和深度就是人际关系的广度和深度的“探测器”。

虽然大家都喜欢完美，可是我们也知道自己的生活是不可能完美的，所以其实我们的内心对别人的完美多少都会有点嫉妒，反而那些有点小缺点和小不幸的人更容易得到我们的喜爱和怜惜。而相较于那些看起来完美、强势、无懈可击的人，我们更愿意跟有些缺点的人交往。也就是说，如果愿意对一个人说出自己的秘密和缺点，那么除了会得到对方的信任之外，你还能让对方放下对你的防备，轻易地接纳你。

如果想获得好人缘，你就一定不要装得那么清高和完美。相对于冰山美人和冷酷帅哥而言，有些缺点、心无城府的傻大姐、笨哥哥更容易受到大家的青睐和喜爱。如果为了让别人对你刮目相看而装得那么完美、那么累，却依然没有获得别人的好感，那你就不如放下架子，让自己放松一下，暴露些自己的缺点给大家看。这样，别人跟你相处起来舒服，你自己也落得轻松自在，这种一举两得的事，何乐而不为呢？

情境同一性原理——有共鸣才有感情

良好的人际关系当然需要良好的沟通，可是良好的沟通又需要具备怎样的条件呢？感情当然是其中一个不可忽略的方面。那么怎样的沟通才能产生感情呢？你需要让对方感觉到，你对他说的话感同身受，你能理解他的感受，能明白他在说什么，而且你们是“同一国”的，你会在他身边支持他……这样一来，你们之间就有了共鸣，对方当然就会更容易接受你，情感的交流自然也就产生了！

而这种沟通方式，在交际学中也有一个特有名词，叫作“情境同一性原理”，这一原理是20世纪70年代由心理学家亚历山大等提出的。亚历山大认为，对于每一种社会情境或人际背景，人们都有一种最合适的行为模式与之相匹配，这种行为模式与其情境具有同一性，所以被称为“情境同一性”。在人与人交往的过程中，如果双方都能处于情感共鸣的状态中，那么这样的交往常常能在很大程度上促进彼此关系的发展。人与人之间情感上的认同和共鸣，则是在交往过程中，通过当时特有的情境刺激所形成的互通和互相感染的结果。所以，如果想拥有一个好人缘，除了嘴皮子功夫要过得去之外，我们还得学会营造气氛和情境来促进共鸣的产生。

比如，你在写字楼的电梯里遇到一位素不相识的女士，电梯里只有你们两个人，气氛有点尴尬。偏偏你们乘坐的电梯又在这时出了故障，你们被困住了。而此时在紧张过后，一言不发的气氛又让你觉得更加尴尬，所以你非常希望打破这种沉默。可是这位女士显然对你这样一个陌生男人心存戒备，在这样一个密闭的空间和一个不认识的男人困在一起，她的心里当然会有点害怕了。

为了消除她内心的恐惧和排斥，你在开口时就要先营造一种同一的情境了。你可以先礼貌地跟对方说一些容易拉近彼此关系的话，比如："你也在这栋大厦上班吗？"

对方也许会礼貌地点点头。

这时，你的同一情境就已经成功制造了一半。所以，你就可以进一步拉近彼此距离啦，你可以接着说："我们公司在10楼，你呢？"

对方回答："我在12楼。"

现在你要更近一步，让她知道你不是坏人："我知道你们公司，你们主要是做娱乐新闻的，我们公司是做电子产品的……"

这个时候，其实你们之间的情境同一性已经建立完毕，你们之后的谈话就可以围绕双方的工作展开，对方自然就会放下心里的戒备。因为虽然你们一开始不认识，但是在同一屋檐下工作，而你了解她的工作，这显然会让她对你保持好感。她又知道了你是干什么的，不再对你防范过当。于是你们会在电梯修好之前成为彼此的新朋友。

没错，情境的同一性原理就是要有良好的沟通环境，共同的话题、相似的经历和彼此的初步了解，这些是沟通的基本条件。有了这些基本的条件，共鸣就会不期而至，交流会变得相谈甚欢，情感基础也就开始建立起来了。

所以，交际的艺术并不单单是口才好就够了，动动脑子给彼此一个舒适的交谈环境，也是进行情感交流的必要前提。如果双方能在同一情境下达到情感共鸣的状态，那么你的人际交往就会变得事半功倍，你自然也能在人际关系的网络里游刃有余了！

第三章 交际心理学：交际能力根植于心理知识

诗人约翰·邓恩曾说："没有别人，你即是一座孤岛。"每一个社会人都要不可避免地参与到与人的交往活动中，社会关系的好坏直接关系着个人未来的发展。在现实生活中我们不难发现，心理与社交具有千丝万缕的联系，社会现象、组织运营、人际关系、自我情绪控制等交际方面的问题无一例外地与心理学挂上了钩。换句话说，交际能力与心理知识息息相关。如果能够掌握一些与工作和生活密切相关的心理学常识、法则以及正确观察事物、思考问题、认识自我的方法，我们就能够运用心理学来调整自己的心态，揣摩别人的心理，构建一个良好的人际关系网。

黑暗效应——黑夜会给你亲近的心情

如果让两个陌生人同处在一间光线比较暗的屋子里，两个人只能隐约看到对方的轮廓，看不到彼此脸上的表情，在这种状况下，双方反而更容易相处。因为在昏暗的环境下，大家都会将戒备心理降低，从而对对方产生一种带有安全性质的依赖感。话又说回来，要是在一个光线比较明亮的场所，两个陌生人会如何呢？心理学家告诉我们，在“黑暗”与“白昼”之中，还是“黑暗”中人与人产生亲近的可能性高。这种现象，心理学家称之为“黑暗效应”。

为了验证“黑暗效应”，曾经有几个心理学家做过这样一个实验：首先寻找两名男生 A、B，这两名男生钟情于同一个女孩。面对两个男孩子的追求，女孩不以为然，经常以各种理由搪塞、推辞 A 与 B 的邀请。心理学家先是动员女孩试着与这两个男生交往，然后让 A 与之在公园、商场等地方约会，又让 B 与女孩在电影院、酒吧等地方约会。结果经过几次约会，女孩总是觉得与 A 谈话不投机，断然决定和 A 断绝联系。B 呢？经过慎重的考虑，女孩选择他作为自己的男友，理由就是“两个人谈话十分融洽”。

为什么会有这种奇怪的现象产生呢？经过长期研究，心理学家认为：在正常情况下，由于外在因素和主观原因，一般的人都会对其他人产生某种特定的防备心理，在内心建起厚厚的围墙，试图保护自己。在这种情形下，人们不愿意对陌生人或不是很熟悉的人说过多的话，以免“言多必失”。他们会尽量将自己正面的形象展示出来，将自己的弱点和缺点尽量隐藏。基于这种原因，人与人之间沟通起来会很困难。

也许有人会问：“黑暗给人的第一心理感受是恐惧，为什么‘黑暗效应’却能够与这种感受相反？”是的，在黑暗中，由于视觉失去了作用，我们内心产生的恐惧感让我们紧张不安。虽然黑暗效应也是处于昏暗的光线之中，但是它有一个必要的前提条件，那就是让交往双方置身于安全、宽松的氛围内，如酒吧、歌厅、电影院等休闲娱乐场所。身处轻松愉悦的状态，涉及的恐惧因素几乎为零，所以它的发展指向为快乐和喜悦，危险系数极低。

在很多情况下，双方之所以难以进一步交往，主要问题在于个人的心理状态。如果心里总绷着一根弦，生怕因为说错话、做错事而遭到对方嘲笑或者留下不良印象，那么我们就会让自己像鸵鸟一样，将头深深藏在沙子之中，希望可以借此避免不利于自己的事情发生。而当黑暗来临时，自己的感官突然失效，我们也就无需躲避，无需伪装，大大方方扯掉心灵面具，将真诚的自我向对方袒露。自然而然地交流真情后，双方当然会成为无话不谈的好友。

当然，“黑暗效应”并不是提倡将所有约会地点都定在光线较暗的地方，这只不过是给一些为了不知定在何处见面而挠头的人一点点建议。当熟知“黑暗效应”后，与人交往时，我们就会慎重地考虑约会地点。正确选择约会地点不仅可以为双方营造融洽、和谐的氛围，而且还能够令两个人的关系更进一步。

饥饿的皮肤——“抱”出不同的感受

想必体会过饥饿的人都知道，饥肠辘辘的滋味确实不好受。但是你知道吗？皮肤也会饥饿。难道你认为这种说法是信口开河？不要怀疑，请看看这样一则实验。

哈洛是美国威斯康星大学灵长类研究所所长。在 1958 年至 1961 年三年内，他一直在做这样一个研究：

哈洛为几只刚刚出生不久的小猴子找到了两只代理猴妈妈。一只代理猴妈妈是用金属制成的，金属猴妈妈的胸前放有一个奶瓶，确保小猴子可以喝到奶；另一只代理猴妈妈的质地为棉布，它与真猴子极为相似，但是胸前没有任何哺奶设施。之后，哈洛找来了两个笼子，将小猴子分别关进两个笼子，然后一只笼子里放有金属猴妈妈和布偶猴妈妈，另一只笼子里只有金属猴妈妈在。

按照常人的思维模式，小猴子肯定会亲近安有奶瓶的金属猴妈妈，因为小猴子肯定想吃奶。奇怪的是，小猴子对金属猴妈妈十分排斥，反应异常冷淡，除非肚子饿得受不了才会接近它。对于布偶妈妈，小猴子却是另外一种态度。它们有事没事都喜欢紧紧抱着布偶妈妈，如果受到惊吓，小猴子更是飞一般地逃进布偶妈妈的怀中，寻求安慰。

随后，哈洛放进一只玩具跳蛙，从没有接触过此类玩具的小猴子惊慌失措，一个劲地抱住布偶妈妈不撒手。慢慢地，小猴子发现这只跳蛙没有什么危险性，于是试探接触，最后兴致勃勃地和跳蛙玩起来。根据这个实验，哈洛得出一个结论：小猴子对妈妈的依恋不在于有没有奶吃，而是在于有没有温柔而直接的接触。

心理研究证明，如果一个人长期缺少拥抱等肢体接触，他的潜意识里就会产生一种对来自于他人的爱、关心和抚慰的渴望。当这种感觉过于强烈时，就会产生病态心理。病态心理最直接的不良后果就是这个人的情绪平衡能力受损，难以建立自信心，缺乏对别人关爱的能力。

众所周知，孩童时期的我们十分迷恋母亲的怀抱，甚至母亲身上的气味。通过与母亲拥抱、接触，直视母亲目光等方式，一种特殊的满足感会油然而生。究其原因，就是因为母亲的触摸“喂饱”了孩子饥饿的皮肤。

同样的道理，在竞争激烈的现代社会中，每个人都会面临职场的竞争、生存的压力，有些人也会出现“皮肤饥饿”现象。也许她是外表刚强的女强人，也许他是铮铮铁骨的男子汉，但是强悍的外表依然掩饰不了他们渴望被人关爱、被人拥抱的柔软内心。

明白了这个道理，你就会调整人际关系中应注意的问题角度。如果你想与对方进一步交往，那么合理的肢体接触是一个不错的选择。比如说一次友好的握手，一个热情的拥抱，甚至略带鼓励性地拍拍肩膀都会给对方不同的感受，他可以在这些肢体接触中感受到你的善意、友好与尊重。通过皮肤间的接触与爱抚，人类可以将欢愉、快乐、友善、关爱、帮助等多种复杂的情感淋漓尽致地表达出来，让对方切切实实地感受到你真诚的交友态度。

西方有这样一句谚语：“一个长期不被别人拥抱的人是孤独的，一个长期不去拥抱别人的人是冷漠的。”如果不想做一个孤独又冷漠的人，为什么不将自己的真挚情感用拥抱表达出来？放弃所谓的矜持，抛掉不好意思的羞涩，大方地拥抱对方，这等于拥抱了弥足珍贵的友情。

约拿情结——无所畏惧的成功之路

有关“约拿情结”，我们要从《圣经》中的一个故事谈起。《圣经》里记录着这样一个故事：有一个虔诚的基督教徒名为约拿，他日夜祈祷希望能够获得神的差遣。终于，神被他的诚心所打动，派遣他去宣布赦免尼尼微城。尼尼微城是一座原本要被罪行毁灭的城市，也是毁灭约拿家族的死敌。面对这个看似“光荣”却十分艰巨的任务，约拿开始抗拒甚至逃避。为了不去做这个任务，约拿四处躲藏，而神却一直追踪他、惩戒他。为了唤醒约拿，神让一条大鱼吞噬了他。几经周折，约拿经过反复的犹豫，终于说服自己，完成了神赋予他的神圣使命。

心理学家将在成功面前的畏惧心理称为“约拿情结”。现实生活中的“约拿”有很多种，有些渴望成功又害怕阻碍；有些逃避困难，拒绝成长；还有些人看到别人的优秀，就会不由自主地产生嫉妒情绪，让自己的内心饱受煎熬。于是，我们的耳旁总是会传来这样的声音：“天妒英才，我这么优秀，为什么没有发展的余地？”“如果我太强大了，会给别人带来压力，别人会讨厌我。”当成长与成功发展严重失衡时，心理就会不由自主地产生一种前所未有的恐惧，从而慢慢演变成为心理压抑，甚至有可能造成心理疾病。

著名心理学家马斯洛曾经发出过这样的提问：“谁希望自己成为最伟大的人？”“谁会是日后优秀的领导者？”当马斯洛提出这些与成功密切关联的问题时，很多人的反应平平，或是不安地蠕动，或是羞红了脸。当马斯洛继续提问那些想要成功的人时，他们多半会搪塞过去或是避而不答。为什么“约拿情结”如此普遍呢？原因就是人们渴望成功，但是害怕失败，由此引申成害怕成功过程中一切未知因素。

在日常的人际交往过程中，具有“约拿情结”的“节目”总是在不停上演。心理学家指出，每个人的心里几乎都住着一个“约拿”。“我办不好”“我可能做不到”这些消极的念头总是时不时出现在脑海里，不停地加深负面印象。这样一来，“约拿情结”就此诞生，成为阻碍成功的罪魁祸首。

深藏在每个人心底的“约拿情结”究竟是如何形成的呢？心理学家研究表明，“约拿情结”源于个人失败时产生的挫折感在人的意识里留下的深刻印象。在成功的道路上，这种挫败感总会时不时冒出来提醒你：“小心，你会失败的。”如果被这种不良印象所影响，那么你就会成为“约拿”；反之，如果可以用信心和实际行动来证明自己可以成功，你就会为成功提供足够的空间。

毫无疑问，“约拿情结”是阻碍成功的绊脚石，只要人们大胆追求成功，用积极的心态对抗这种恐惧，并且有意识地提醒自己“我很棒，我可以成功”，便可以打破“约拿情结”的束缚，找到攀登成功巅峰的捷径。

总之，不要因为畏惧失败而害怕成功，只有大胆地追求自己心中既定的目标，才能突破“约拿情结”的包围，最终成为生活的勇士和胜利者！

寂寞空虚定律——闺蜜、哥们儿不可少

“我很无聊”、“有些寂寞”、“太空虚了”，为什么会有这种抱怨的声音？心理学家说，当没有外界刺激进入休息过后的大脑皮质，而皮质又期待着什么东西的时候，寂寞感就会产生。我们不难发现，空虚寂寞实际上与期待有着惊人的相似之处，那就是同样想通过改变内在心理感受和外界条件，最终得到积极活动的可能性。那么，如何才能打破寂寞空虚的定律呢？心理学家研究表明，一个内心世界丰富多彩的人，几乎不会产生寂寞感。另外，如果你拥有足够广泛的社交圈，拥有亲密无间的朋友，寂寞与空虚也会远离你。

风靡全球的美剧《老友记》让无数女人和男人体会到闺蜜、哥们儿的美好和重要性：高兴时，闺蜜、哥们儿是分享喜悦的第一人选；不开心时，可以向闺蜜、哥们儿大抛感情垃圾。与闺蜜、哥们儿相互扶持、相互鼓励的日子如同人生一道亮丽的风景线，人和人之间特有的深厚情谊每时每刻都在上演。

朋友是了解你、爱护你的人。一同出游、一同 shopping、一同聊天、一同饮茶，有朋友相伴的日子是那样的温馨与幸福。朋友就像一个小小的太阳，将你心头上笼罩的阴霾一扫而光，总能带给你暖洋洋的感觉。甚至也许你心中有某个角落不愿意对爱人或父母敞开，而朋友则不同。他了解你内心深处的秘密，知道你的喜好；你也可以放心地将日记与私房钱交给对方保管，把埋藏许久的话语向对方倾诉。朋友是你可以毫无顾忌袒露心

情的对象，他会与你推心置腹，他会开导你、扶持你，如同一条涓涓流淌的小溪默默滋润着你的心田。

人和人之间的友谊是一种缘分，也是一种特殊的默契。有了朋友的陪伴，空虚与寂寞的苗头就会早早地扼杀在摇篮里。因为朋友就像黑夜中的航灯，照亮漫漫的远方，让你在迷茫与彷徨中找到正确的方向。平淡而又平凡的生活中，每个人都需要知心好友作为感情上的养料。俗话说："朋友最知我的心。"不管什么时候，好姐妹、好哥们儿都仿若一剂灵丹妙药，让生活变得充实饱满，空虚与寂寞自然就会消失得无影无踪。

安曼是一个女强人，在业内有"铁血娘子"的称号。她为人干练，做事果断，不管多么棘手的问题到了她手上都能顺利摆平。

一家知名杂志社访问安曼，询问她成功的秘诀时，安曼的回答出乎所有人的意料。大家本以为安曼会说"前辈的提携"、"个人的努力"等话语，可是她微笑着说："感谢我的朋友！"

安曼看到记者迷惑的眼神，解释道："不管悲伤还是快乐，我的朋友都会在背后默默地扶持我、帮助我。大家都叫我'铁血娘子'，但是我也有流泪的时候。朋友温暖的双手总是适时地抚平我脸上的泪痕。我想说，如果没有朋友，也就没有现在的我。"

所以，每个女人都会有一段闺蜜情结，每个男人也会有哥们儿陪伴。人生因为有了好友的陪伴才会变得丰富多彩。一段美好的人生旅程，少了朋友的见证也就变得暗淡无光。人生难得遇知己，有朋友相伴相随，寂寞或者空虚都会变成一道流星，转瞬即逝，留下的只有与朋友同行的永恒。

多看效应——越熟悉越喜欢

“多看效应”，顾名思义就是越熟悉的东西就越喜欢。如果足够细心，你就会发现“多看效应”无处不在。比如说，一件心仪的衣服，看的时间越久，就越觉得这件衣服简直美得无与伦比；一个初次见面的人，也许你对他印象不是很好，但是随着交往次数的增多，就会觉得这个人很耐看，甚至长得很有魅力。如果想成为生活中和职场上的“人气王”，你不如恰到好处地运用一下“多看效应”，将这种效应的优势发挥得淋漓尽致，也许会有意想不到的效果。

心理学家查荣茨在 20 世纪 60 年代做过这样一个实验：他拿出一些照片，让 A、B、C、D 四个人观看。有的照片出现了一次，有的照片出现了十几次，有的照片出现的次数多达二十几次。之后，查荣茨让 A、B、C、D 四个人评价对照片的喜爱程度。结果发现，谁看到某张照片的次数越多，他就会越倾心这张照片。换句话说，也许他们所喜爱的只不过是出现了二十几次的照片，而根本不是因为了解照片的真正内涵，或接触过照片中的人或物。但是，出于“多看效应”，看的次数决定了被试验者的喜爱程度。

为了进一步验证“多看效应”的真实性，心理学家又做了另外一个实验。在某大学的宿舍楼内，心理学家随机来到几个寝室，发给学生们不同口味的糖果。然后要求这几个寝室的成员相互交流糖果的口味，随意交谈、走动。一段时间后，心理学家问：“你们喜欢和哪个寝室成为联谊宿舍？”结果可想而知，见面次数多、交往久的寝室相互喜欢的程度比较大，而只交谈过一两次的寝室，其成员纷纷摇头表示不愿意和对方成为联谊宿舍。

可见，若想增加亲和力，就要有意识地在别人面前提高自己的露面次数。一个自我封闭，从来不愿意与别人多来往的人，其受欢迎程度一定低得可怜；相反，一个性格外向，活泼开朗的人会有很多人与之亲近。那么如何发挥“多看效应”的优势呢？你可以在给对方留下良好第一印象的前提下，适当地增加与对方聊天、接触的次数，制造一起交往的机会，从而讨得对方欢心。

阿玛达是世界五百强公司的高级管理者，他就深谙“多看效应”的神奇魔力。初入职场时，阿玛达就已经显示出自己过人的本领与人际交往能力。他总是有意识地制造与上司接触的机会，比如电梯上的“偶遇”，请教上司问题等等。慢慢地，上司开始注意起这个精明干练、有一定思想的小伙子。经过一系列考察后，公司决定破格提拔阿玛达，使他成为可以独当一面的部门经理。

通过多看效应，人与人之间可以建立起一种稳固而熟悉的情感，基于这种情感，构建和拓展人际关系会变得更加顺利。如今生活节奏加快，每个人的时间都变得宝贵而又有限。如果能够掌握“多看效应”，你就可以在人际交往中有的放矢地与他人联络，从而缩短见面时间，增加见面次数，让双方的感情进一步增进，收到事半功倍的效果。

结伴效应——男女搭配，干活不累

俗话说："男女搭配，干活不累。"这究竟是一句玩笑话还是确实存在的某种道理？要回答这个问题，我们要先了解一下"结伴效应"。"结伴效应"就是指在结伴活动中，个体会感到一种因为与他人比较而产生的压力，从而提高工作或活动效率。那么，男人与女人共同工作的"结伴效应"又如何呢？

在人际关系中有一种现象被称为"异性效应"，主要是指异性相互接触的过程中会产生一种特殊的相互吸引力和激发力，并且能够从中体验到难以言传的情感追求，对人的活动和学习会起到积极的影响。基于"异性效应"的心理现象，"结伴效应"的效果可以发挥到极致。也许大家都会有这样的体验：与只有同性参加的活动相比，两性共同参加的活动总会让参与者感到更加愉快，做起事情来也会格外起劲。这是为什么呢？因为异性间的心理接近的需要一旦得到了满足，做事者就会获得不同程度的愉悦感，体内的积极性和创造力也会随之被激发而出。

网上曾有这样一篇报道：澳大利亚南极科考队的成员总是会出现失眠、烦躁、眩晕、食欲不振、情绪消沉等症状。随队医生采用各种方法进行治疗，都收效甚微，队医很迷茫。后来，专家进入科考队进行调查，其结果让所有人大跌眼镜，原来这些症状就是性别比例失调，异性气味匮乏所导致的。

无独有偶，根据异性的"结伴效应"，美国著名医学博士哈里教授的提议有效地解决了“航天综合征”。他给出的药方就是：在宇宙飞行中，最好每次都有一位健康、美貌的女士同行。

那么，“结伴效应”为什么会起作用呢？

我们都知道，女性细腻温和，比较感性；男性则热烈奔放，比较理性。男性的习惯性思维可以循序渐进、专注地处理某件事情；而女性则善于同时对付多种事态。这样一来，男女在结伴活动的过程中能够互补，自然能够让合作占据优势地位。

因此，在交际过程中，我们不妨好好利用“异性效应”来提高活动效率。如果想结交更优秀的人士，你首先要保持大方自信的心态。异性间的交往本来就容易紧张，如果过于拘谨，就会让紧张感加重，使彼此之间的氛围变得尴尬。另外，拿捏态度的尺度也是需要注意的地方，“男女有别”，异性之间的交往和合作既不要过分亲昵，也不要严肃冷漠。前者会给人带来轻浮的感觉，进而引起对方和周围人的反感。后者也不是正确的态度，冷冰冰的面孔容易伤害到对方的自尊心，高傲无礼的印象则会让对方退避三舍。

总之，只有掌握“结伴效应”的心理后，再遵循自然、适度的交往原则，才能够建立友谊之桥，在事业上互助、在气质上互补、在精神上互悦，从而使结伴效应发挥积极的作用，达到皆大欢喜的效果。

自己人效应——你、我、他之“同根生”

大名鼎鼎的冯玉祥将军曾写过一首脍炙人口的“丘八诗”，他在诗中说：“重层压迫均推倒，要使平等现五洲。”众所周知，冯玉祥将军爱士兵如同爱自己的孩子一般，无微不至地关心着他们的生活。军营里多次传出将军亲手为士兵擦身搓背，为伤病员敷药等佳话。他与士兵同吃、同住，大家都感到冯将军是个难得的好长官，他既没有将军高高在上的架子，也不会用盛气凌人的口气训话，而是把大家都置于平等的地位。所以，士兵们都很尊重冯将军，也非常听他的话，有些士兵甚至将埋藏在内心深处的悄悄话都告诉了冯将军。难道冯将军有超人的“驭人之术”？其实不然，冯将军只不过知晓并合理地运用了“自己人效应”。

所谓的“自己人效应”，是指对方把你与他归于同一类型的人。基于这种效应，你所说的话也会更容易让对方信赖与接受。当今社会中，人与人之间的交往更为密切，彼此相互影响的作用也会更加强烈。这种相互影响有时是有意识的，有时则是在无意中发生的。其中，有意识的影响是指一方对另一方有意识地施加影响，企图改变或矫正对方的某种行为，使其与之同化。这个时候，如果恰如其分地运用自己人效应，不但可以迅速缩短与对方的距离，而且会在很短的时间内相互建立起深厚的感情。

看来，“自己人效应”在与他人搞好人际关系中占有举足轻重的地位。看到这里，也许你会问：“如何才能强化‘自己人效应’，使之在人与人的交往中发挥最大效益呢？”先不着急回答这个问题，我们来看看一百多年前林肯说过的一段颇为精彩的话。林肯说："一滴蜜比一加仑胆汁能够捕到更多的苍蝇，人心也是如此。假如你想要别人同意你的原则，就要先使他相信，你是他的忠实朋友。用一滴蜜去赢得他的心，你就能使他走在理智的大道上。"这段话虽然浅显，却蕴含着极为深刻的道理。让对方成为"自己人"只需要"一滴蜜"，但关键还是在于如何用好这滴蜜。交往中有一个不二法则，那就是你、我、他虽然是不同的个体，但是身上或多或少都会具有相同之处。只要将"态度与价值观的类似性"和"情感上的相悦性"具体化，你就可以让自己如同蜜蜂一般飞舞在五颜六色的花丛中，采集到可供酿蜜的"花粉"。

丽萨是一个惹人喜爱的"魅力女"，是她姿色出众或者本领过人吗？都不是，让我们一起来听听丽萨驭人的高招。

"和陌生人初次见面，个人形象很重要。当然，我所说的形象并不是用奢华大牌所堆砌出的外在表象，而是要用落落大方的姿态和得体优雅的谈吐来赢得对方的好感。如果做到这一点，那么恭喜你，你已经成功迈出人际交往的第一步。

第二步很复杂，但是也不难实现。我们都知道，谁都愿意与志同道合的人交往。如果人家说东，你偏要指西，那不好意思，对方当然不愿意和你成为朋友。正确的方法就是，争取将对方拉到自己的阵营中，然后从双方的共同点下手，直捣对方的'要害'——内心。"

也许丽萨说得很通俗，但是结果却是显而易见的。想要让别人信赖你，喜欢你，与你成为朋友，"自己人效应"是一条不可多得的捷径。与人交往时，你需要有意识地向对方"灌输"你和我都是自己人的思想，这样对方才会与你站到"同一战线"上。不过，在这个过程中，你一定要牢记双方地位必须是平等的原则，只有这样，才能够让对方心甘情愿地与你为友。

阿伦森效应——想改变谁，就奖励他

“想改变谁，就奖励他。”看到这句话，也许你心中会升起一个大大的问号。是的，没错！如果想改变一个人，指责、强制、威胁甚至恐吓都只能起到反作用，而你只要学会“阿伦森效应”，很多问题就会迎刃而解。

心理学中有一种效应被称为“阿伦森效应”。它是指随着奖励减少而导致态度逐渐消极，随着奖励增加而导致态度逐渐积极的心理现象。同时，它也反映了人们喜欢那些对自己奖励、赞扬的人，而不喜欢那些对自己否定、批评的人。所以，人们在日常生活和工作中，应该尽力从正面改变某个人的观点与看法，以免对方对你产生不良的印象。

“阿伦森效应”果真有这么神奇吗？我们来看看下面这个例子。

国内某地有一家知名养殖场，前一段时间遇到了一个难题。养殖场开在一个村庄附近，村里有几个调皮的孩子总喜欢在养殖场附近追逐打闹、大喊大叫。养殖场内的鸡受不了这些噪音，鸡蛋开始大量减产。不管场内的员工怎样劝阻，这些孩子都不愿意到其他地方去玩。责骂对这些顽劣的孩子也不起作用，反而有愈演愈烈之势。

后来，养殖场场长想了个办法，他走出去对孩子们说：“谢谢你们，我很喜欢热闹，如果你们每天都来这里玩耍，我给你们每人两块糖。”孩子们一听高兴极了，玩耍还能有人给糖吃，这真是一件“美差”，于是孩子们玩得更加带劲了。场里的工人十分不解，然而场长只是笑了笑，并没有解释。

几天后，场长对孩子们说："真对不起，家里的糖果不多了。所以，从明天起我只能给你们每人一块糖。"孩子们很不高兴，但依然接过了糖，只不过每天来养殖场附近玩耍的时间缩短了。

又过了几天，场长"非常愧疚"地说："对不起了孩子们，以后，我只能两天给你们一块糖了。""两天一块糖？太不划算了。"孩子们怒气冲冲地说，"我们才不会在这里浪费时间，不干了。"从此，孩子们"不屑"在养殖场附近玩耍，养殖场又恢复了往日的宁静。

这个故事中，睿智的场长之所以能够劝阻调皮的孩子，正是暗合了心理学上的"阿伦森效应"。交际场上也是如此，恰当地运用"阿伦森效应"，可以给我们带来意想不到的好处。当你碍于情面而无法直接要求某人不要做某事，又或者以你们之间的关系，你根本没把握让对方听从你的劝阻时，迂回的"阿伦森效应"战术无疑是最好的选择。采取隐蔽的降低奖励的方法，既可以达到你的目的，又不会破坏你与对方的交际关系。

登门槛效应——得寸进尺，步步为营

1966 年，美国社会心理学家弗里德曼做过一个实验，来证明“登门槛效应”的存在。

实验的第一周，他派助手携带很多小徽章去拜访家庭主妇，希望得到主妇们的支持——佩戴安全驾驶的徽章。主妇们认为这是一个力所能及的宣传，很多人愉快地答应了，拒绝的人少之又少。

实验的第二周，弗里德曼又派助手去拜访家庭主妇。只不过这次拜访的主妇除了上次拜访过的那些，还有了很多陌生的面孔。助手们携带着大大的牌子，希望主妇们将提醒司机安全驾驶的警示牌挂在自己家的门上。警示牌有些大，很显然这次要求稍微有点过分，那些主妇们的回答是“YES”还是“NO”呢？

结果，上一次拜访过并同意佩戴徽章的主妇有超过一半的人愿意在自己家的门上悬挂警示牌，而从未接受过拜访的主妇绝大多数选择拒绝。

这就是“登门槛效应”。心理学家曾经诙谐地说，“登门槛效应”其实就是“得寸进尺”。在人际场上，“登门槛效应”也十分常见。每个人都会有很多要求，而那些显而易见或容易实现的要求往往顺利地被人接受。如果你提出一个“微不足道”的要求，而这个要求在对方可以承受的心理范围内，对方出于“无大碍，近人情”的考虑，就会答应你的请求。这就如同一只脚已经成功地迈进了对方的门槛里。当一只脚迈进去后，你可能就会这样想：“既然已经迈进去一只脚，何不整个身子都进去？”出于这种心理上的感受，就会继续提出进一步的要求。而对方呢？开始的要求已经让他失去了心理戒备，从而降低了心理上的防范程度，且加大了承受能力，于是继续接受另一个要求。也就是说，对方会在心里琢磨："已经都帮忙了，索性再帮一次，好人做到底！"于是，"登门槛效应"产生了。

小A和小B是同事，两个人共同承担某个项目。月初，小A家"产房传喜讯"，他的太太生了个大胖儿子，这可把小A高兴坏了。可是随之而来的问题就是，两个人共同承担的项目时间紧、任务重，是陪老婆看儿子，还是继续留在公司呢？

小B看出小A"人在曹营心在汉"，就说："这个项目我先自己干着，你赶快回家看看老婆孩子吧。"小B的话让小A兴奋得一蹦三尺高，飞一般地买票回家了。

谁知第二天，小A给小B打来电话，支支吾吾地说："我能不能晚回去一天？"

小B想想都已经耽误一天了，再多一天也无所谓，就爽快地答应了。

到了第二天，小A又想晚点回去报道。这回小B心里开始嘀咕："哎，要不还是帮人帮到底吧。"于是嘬着牙花子应允了。

你看，聪明的小A就是运用了"登门槛效应"，抓住了小B的心理，所以才能达到自己的预期目的。

如果在人际交往中掌握了这种心理效应，从而循序渐进，有计划、分步骤地接近目标，自然你就会收获"战无不胜，攻无不克"的交往效果。

光环效应——魅力源自光环

何为“光环效应”？20世纪20年代，著名心理学家桑代克提出了“光环效应”这一心理学概念。他认为人们对他人的认知和判断往往只从局部出发，就如同光环由一个中心点向外扩散。如果局部印象是良好的，那么扩散出来的整体印象全部为良好；反之，扩散出来的整体印象就会比较差。有天文常识的人都知道，刮风天气的头一晚，月亮周围总会出现大的光环，这就是月光扩大化的结果。“光环效应”也是如此，当对某个人其中一点特征形成或好或坏的印象后，通常会出现以偏概全的现象，人们会就此推论这个人其他方面是好是坏。

因为“光环效应”，我们的人际知觉会大受影响，心理和情感都会发生不同的偏差。比如，你在别人口中得知某个人工作粗心，那么就会对他的整体产生不认真的印象；如果你发现这个人细心、谨慎，此时的他就会被一种积极肯定的光环所笼罩，在他身上可以轻而易举地找到上进、积极等良好的品质。中国有句老话，叫“一白遮百丑”，意思是说也许某个人长得不那么俊俏，可是由于皮肤白皙，大家就会认为他其实还是很“耐看”的。这也是“光环效应”作用下的结果。

普希金是俄国的大文豪，而大家可能不知道，他正是因为“光环效应”而吃尽了苦头。当时，俄国有个名叫娜塔丽的女人，相传她具有倾国倾城的美貌，号称“第一美人”。当年的普希金对娜塔丽一见钟情，在他的眼里，如此漂亮的女人必定也拥有优雅的品质和高尚的人格。于是，普希金冲破层层阻力，排除万难娶了娜塔丽。然而，娜塔丽只是徒有其表，她挥金如土、爱慕虚荣，喜欢让丈夫陪她一起出入豪华舞会以示自己的高贵。面对妻子的要求，普希金借贷度日，没有时间写作，不得不辍笔。失去经济来源的娜塔丽不但没有收敛，反而变本加厉，致使普希金家债台高筑。最后，他为妻子决斗而死。就这样，一代文豪因为对“光环效应”的判断失误，早早地陨落了。

普希金受到“光环效应”的负面影响，贻误了终生。当今社会中，无论是工作还是日常生活，我们都会受到“光环效应”的影响。如果能领悟“光环效应”的精髓，自然我们可以让它对人际关系产生积极而非负面的影响。比如一个态度十分诚恳的人，也许他其他能力并不出众，但是基于诚恳这个优点，大家就会对其产生信任感。不过，“光环效应”毕竟是一种主观、直觉且情绪化的判断。只有在仔细观察和理性思考的前提下，“光环效应”才会变得更为可靠，才能避免“一叶障目，不见泰山”的弊端。

小区里刚搬来一户人家，据说这家夫妇两个都是大学教授。小区里的人不禁在想，这家人的素质一定会很棒，与他们成为朋友应该不错。

于是，很多邻居开始有意接近这对夫妇，只有小斯决定观察几天再说。因为小斯发现这家夫妇俩虽然衣着得体，但是他家的老母亲却衣着破旧。他暗地里想：“难道他们对老母亲不孝？”

结果，这对夫妇不但不孝顺而且自私、刻薄，喜欢占小便宜。与之交往的邻居叫苦不迭。小斯则因为善于观察，没有被这对夫妇头上鲜亮的光环所蒙蔽，避免了不少麻烦。

由此可见，“光环效应”就像一把双刃剑。我们可以利用“光环效应”俘获他人的好感，但也要千万注意，不要被他人的“光环效应”欺骗。

沉没成本效应——接受现实，坦然放弃

沉没成本是指已经付出且不可收回的成本。由于过去的决策失误所造成的成本损失已经成为既定的事实，是不能被现在或将来的任何决策改变的，这样的成本就是沉没成本。

唐代李肇的《国史补》中记录了这样一则故事：

通往某地的道路很窄，是一条单行路。

一天，一辆满载的车陷进了泥沼，整条路都被堵塞了。车的主人尝试着将车子退出来，可是由于雨天路滑，没能成功。随着时间的流逝，堵在这条路上的人越来越多，最糟糕的是天色渐晚，马上又要下雨。这该如何是好呢？

就在这个时候，一个叫刘颇的盐商从队伍后面赶来。他问道：“你的一车货物共值多少银两？”

主人回答了一个数字。

刘颇立即从怀中掏出银两递给了货物主人，说：“这一车货物我买下了。”然后，在众人的帮助下，货物被卸下来，扔掉。车子顺利被抬出了泥沼，道路畅通了。

对于盐商来说，他损失的是一车货物的钱，可是这与他的盐相比较，简直是小巫见大巫。他舍掉了一些钱财，避免了更为重大的损失。就刘颇而言，他买货物保住盐的经历就表现了“沉没成本效应”。

然而，生活中像刘颇这样坦然放弃的人很少，大多数人固守着已经沉

没的成本不放。美国著名心理学家威廉·詹姆斯说："承认既定事实，接受已经发生的事情，放弃应该放弃的，这是在困境中自救的先决条件。"众所周知，当受伤的狼逃生时，为了不让受伤的腿成为前进的阻碍，它会毫不犹豫地咬断伤腿以求生存。因为聪明的狼知道，与生命相比，伤腿是可以付出的成本。

初入职场的布莱尼常常为人际关系发愁。他无时无刻不在自怨自艾，比如今天说错的某句话会不会引起同事的反感？那些曾经做过的事情每天都要在他的脑子里回放，而且他总是为自己办过的事情、说过的话后悔。

有一天早上，上司来到布莱尼的办公桌旁，他对布莱尼说："你把自己的咖啡杯放到桌子边上。"

布莱尼不解，但是照做了。

上司猛地扬手将咖啡杯打翻在地，香喷喷的咖啡流了一地。然后他对布莱尼说："不要为打翻的咖啡而懊恼。"

上司告诉布莱尼："你好好看看地上的咖啡。咖啡已经洒光了，就代表它已经没有了。这个时候，不管你怎样着急，怎样后悔，都无法将咖啡重新装回杯中。你现在能做的事情，就是忘掉它，忽略它，将目光转向其他方向。"

是的，现实既然已经如此，我们不如坦然接受，放弃该放弃的事情，争取该得到的东西。当发现自己的行动背离了既定的方向时，我们必须立刻停止，予以纠正，不能延误，也不能心存侥幸。人际关系也是一样，对于那些能够相处得很融洽的人，我们当然应该争取保持良好关系，可是如果你一直对一个人示好，对方却无动于衷，并且更加厌恶你，那你不如就选择让这段关系"沉没"吧。你不是圣人，不可能让所有人都满意，既然对方不认可，那就得学会放下，这也是一种人格魅力的体现呢！

杜根定律——用自信打造“独一无二”的名片

“我能行吗？”“我做得好吗？”“恐怕我胜任不了吧。”生活和工作中，我们经常能听见这些不自信的话语。从心理学的角度上看，这种不自信的话语已经成为某种消极的自我暗示，它总在提醒着自己无法成功。无疑，这种负面的暗示会成为前进路上最大的绊脚石。相反，信心十足的人从来不会对自己产生质疑，他们从心底肯定自己，从而毫无畏惧地大步前行。美国职业橄榄球联会前主席杜根说过这样的话：“强者不一定能够最终获胜，但是胜利却最终属于那些有信心的人。”后来，心理学将此说法定义为“杜根定律”，意思是不管做什么事情，身居何方，自信才是一个人最好的名片。

社会心理学家曾经做过这样一个实验，有大约5万人参与了一项名为“个性品质对人在交往过程中的作用”的调查。结果表明：82.9%的人愿意和拥有优秀品质的人交往，而他们认为优秀品质最直观的表现就是自信。可见，自信不仅是一个人感受自己的方式，也是交往时给人的第一印象。自信之人是充分肯定自己和相信自己的人，其中包括自我接受和自我尊重。

一个女孩在16岁的时候初次试镜，摄影师、造型师和化妆师无一例外地指出女孩的缺陷，“鼻子太大，臀部也太大”。最后，导演对她说：“如果你想成为一个明星，最好去做整容，把臀部减去一点，还有鼻子也要缩短一点。”然而，女孩没有对导演言听计从，她自信地回答道：“我的鼻子很有特色，这让我与其他女演员长得不一样。至于臀部，它发育良好，是我身体的一部分。我愿意保持自己的本来面目，并且相信它们是最美丽的。”

很多人说这个女孩太骄傲了，可是导演却因此开始关注这个自信的女孩。在导演的力捧下，女孩迅速走红，几乎没有人不被她浑身上下散发出来的自信所吸引。这个女孩就是日后大名鼎鼎的意大利女星索菲亚·罗兰。

当一个人内心充满自信的时候，其自身的潜能就会被很好地激发出来，从而散发出吸引他人的魅力，树立起良好的个人形象。所以，在人际交往中，自信是个人魅力的集中体现。如果能够用“自信”来为自己打造一张完美的名片，你就会有更多愿意接近你，和你成为朋友的人。

纵观成功人士的成长史，无一例外地告诉我们为人处世一定要有自信。对自己充满信心，是每个人获得成功不可或缺的前提。无论在生活中还是职场中，有些人总会怀疑自己的能力，他们不敢相信自己可以做得更好、更优秀，并且认为那是一种妄想。他们总是左顾右盼地用自己的短处去比较别人的长处，结果就是更加自卑。实际上，用自信增加成功的筹码才是明智的选择。自信可以给人战胜命运的勇气，也能给人聪明和智慧，最终为我们带来美好的人生。

的确，自信可以让我们成为一个魅力四射的人。当我们遇到挫折、失意或者困顿的时候，自信仿佛拥有回天之力，瞬间就能铲除前进路上的荆棘。因此，我们需要注重培养自信的点滴细节，使之慢慢成长、壮大。只要有自信相伴，我们就能够为自己打造一张最美、最精彩的个性名片。

詹森效应——关键时刻别“掉链子”

有一个名叫丹·詹森的运动员，他实力出众，也能吃苦，按照常理他可以顺利夺冠。可是，不管是大赛还是小赛，丹·詹森却连连失利。这究竟是为什么呢？经过观察，教练发现虽然他平日里表现良好，可是一到赛场上就会过度紧张，换句话说，就是心理素质不过硬。因而丹·詹森总会与冠军失之交臂。由此，“詹森效应”诞生了。

其实在现实生活中，“詹森效应”随处可见。有些学生平时成绩优秀，可是考试总是发挥不好；有些职员工作勤勤恳恳，到了某些重大场合却把握不住时机；还有些人跟熟人在一起很善言谈，但是在交际场合却面红耳赤，话也说不利索。这些关键时刻“掉链子”的现象总会让人大跌眼镜。究其原因，就是因为自身受到了外界因素影响，以至于本身能力受到牵绊，导致他不能充分发挥自身水平。

在一次重大的谈判中，里约因为平日表现沉着稳重被公司重用，担任此次谈判的代表。在以往的小型谈判中，里约的睿智、沉稳给大家留下了很好的印象，因此公司领导对这次谈判非常放心。但是，一向沉稳的里约，在谈判过程中连连出错，其他谈判成员的心也跟着晃动起来。看得出来，里约努力想控制谈判的节奏，但还是力不从心……结果在这场意义重大的谈判中，里约连续出现重大失误，思路不清晰、应变能力差，输掉了谈判。

姑且不去讨论谈判输赢对公司造成的影响，只看这场谈判中里约失误的状况，我们就可以看出“詹森效应”对人们内心产生的重大影响。一向干练、睿智的里约为什么频频出错呢？社交场合之所以会出现“詹森效应”，是因为在关键时刻，人们心里往往会这样想：不能失败，千万不要失败。这种患得患失的心理暗示导致思想包袱过重，在强烈负担的困扰下，怎么能够发挥出平日里的水平呢？另一方面，在比较正式的社交场合中，自信心容易受到影响，出现怯场的状况，从而制约自身能力的发挥。里约的失误正是源于以上两种原因。

那么在社交场合中，我们该如何避免“詹森效应”的影响呢？其实，人与人之间的交往并不复杂，也不可怕。只要用一颗平常心去对待，尽量缓解紧张的感觉，你就会心平气和地走出患得患失的阴影，发挥出正常水平。人际交往是一门大学问，不但考验着一个人的口才和应变能力，往往也是心理素质的较量。“狭路相逢勇者胜”，信心十足、心态平和的人定能够收获应得的果实。

如果将人生比喻成一场比赛，那么人与人之间的较量，人与自身之间的较量都容易受到“詹森效应”的影响。如果想让自己与他人的交往顺风顺水地进行，你就要在一场场较量中锻炼自己的心理素质。紧张、消极、压力过大都会将事情弄巧成拙，给对方留下浮躁、不可信任的印象。想要在关键时刻不掉链子，你就要摆正自己的心态。俗话说，“十个手指有长有短”，每个人都有自己的长处和短处。社交场合中，不要用自己的短处去比较他人的长处，而应该扬长避短，努力将自己优秀的一面展现出来，这样就会避免与成功擦肩而过的遗憾。

在人际交往中，只要保持良好的心态，从容、稳重地为人处世，你就能取得事半功倍的效果。

名片效应——小智慧，大收获

罗纳德·威尔逊·里根是一位睿智的总统，为了迎合选民的心理，他的竞选妙招层出不穷，非常富有吸引力。

一天，里根来到某个地区进行拉票，这个地区的美国人多数具有意大利血统。基于这点，里根说道："我的脑海里总有一幅温馨的画面，那就是意大利家庭的厨房。意大利人的厨房温暖无比，一边是热腾腾、香喷喷的饭菜，一边是其乐融融的聚餐场景，这些包含着无限爱意的意大利画面，让我的心顿时暖和起来。"

里根的话音未落，台下立即响起雷鸣般的掌声。里根笑了笑，继续说："我有一个意大利朋友，他们一直住在城市中的一间小公寓里。为了改善全家人的居住环境，他们决定搬到乡下的大房子去生活。

"乔迁新居后，我去朋友家拜访。我询问朋友的小女儿喜不喜欢新家时，小女儿奶声奶气地回答：'我很喜欢新居，因为我有了自己的房间，哥哥也有自己的房间，姐姐也有自己的房间，甚至连我的布娃娃都有了新的床。可是，我的爸爸和妈妈十分可怜，他们依然住在一起，没有属于自己的房间。'"

里根的笑话缩短了和选民的心理距离，让选民觉得他对含有意大利血统的美国人十分具有好感。所以，大家一致认为里根会是一位惹人喜爱的好总统。人都有这样一种心理，那就是喜欢与和自己相似的人接近。两个人交往的时候，如果事先表明自己与对方的价值观、世界观和人生观相同，你就会让对方感觉到双方有很多相似之处，从而更愿意和你成为朋友。这就是所谓的“名片效应”。

“名片效应”是指在交际中，如果让对方知道你与他有很多共同点和相似之处，那么你就可以更快地促成人际关系的建立。有意识、有目的地向对方表明态度和观点，就如同呈递名片一样，你将自己更好地介绍给了对方。掌握好“名片效应”的应用艺术，对于人际交往和为人处世具有很高的实用价值。

“名片效应”在人际交往中占有举足轻重的地位，那么我们如何合理应用呢？具体操作方法就是，在交往中先向对方灌输一些他们能接受或者感兴趣的思想，然后再将自己的观点通过和谐的谈话氛围和有意思的话题一点点渗透进去，使对方认为“哦，原来他的想法和我是一样的”。做到这些，你就已经成功迈出了交往的第一步。只要能寻找时机，恰到好处地向对方传递自己的“名片”形象，你就可以顺利达到自己预期的交往目标。

大量实践证明，个人价值体系、身份特征、社会背景和文化程度等因素的相似性都可以影响到个人对社会交往对象的选择。当拥有一张有效的“名片”后，用慧眼来捕捉对方的有效信息，然后利用心理规律分析对方，你就能获得更深层次的信息。这种循序渐进、点滴深入的办法，很容易获得对方好感，让对方产生“同己”心理，从而消除对方的排斥心理。

不要小看“名片效应”，一张小小的“名片”可以缩短人与人之间的距离，达成双方顺利交往的目的，正可谓是“小智慧，大收获”。

霍桑效应——合理宣泄不是罪

美国一家电气公司有一项十分有意思的公司制度：每周有 2 个小时的时间供员工在发泄室里尽情发泄。所谓的发泄室，就是一间用软装饰装潢好的办公间，里面有橡皮人、拳击手套、沙袋等可供员工宣泄情绪的工具。第一次听说这个规章制度的人都很惊讶，公司为什么还要开辟发泄室呢？将答案搞清楚后，人们都由最初的惊讶转变为惊叹，深深折服于公司上层的特殊领导才能。

这家公司自开辟发泄室以来，公司员工的精神面貌焕然一新，工作效率明显提升。之所以取得如此好的成绩，这还要归功于“霍桑效应”。

“霍桑效应”起源于 1924 年至 1933 年间的一系列实验研究，由哈佛大学心理专家乔治·埃尔顿·梅奥教授为首的研究小组提出。霍桑其实是美国西部电器公司的一家工厂的名称，它是一家专门进行实验研究的工厂。坐落在芝加哥的这家工厂研究的主要内容是工作条件与生产效率之间的关系，包括外部环境条件（如照明强度、湿度）以及心理影响因素（如休息间隔、团队压力、工作时间、管理者的领导力）。为了研究如何提高工作效率，各学科专家花费两年时间研究得出：只有耐心听取工人的意见乃至抱怨，在其尽情宣泄后，工作效率才会有所提升。

如今，人与人之间交往十分密切，几乎所有事情都要通过与人合作才能顺利完成。然而，将事情圆满完成的前提自然是能够和其他人目标达成一致，并为之共同努力。

豪斯是一家公司的职员，他的工作能力很强，可是却毫无作为。在这间格子林立的办公室内，他仿佛是一座“孤岛”，没有人愿意与之合作。原来，豪斯待人态度冷漠，虽然这种冷漠源于对公司制度和某些员工不尽职的不满，但是直接影响着豪斯的人际关系。

怎么办？一如既往地冷漠只会让人际交往越来越糟糕，如何改善当前的局面，是豪斯必须面对的问题。

一天，豪斯翻看心理学杂志，无意间看到“霍桑效应”一词。细细看完介绍，他觉得受益匪浅。于是，每天下班后，豪斯都会直奔健身房，用汗水尽情发泄对公司政务和人事的种种不满。

一段时间后，豪斯仿佛变了一个人。宣泄后的豪斯心情豁然开朗，自然能够放下心中的不满与同事心平气和地相处了。

通过豪斯的经历，我们不难发现，一个人的交际如果遇到了阻碍，不仅仅是因为受到外在因素的刺激，更有自身主观上的原因。心灵在遭遇重重捆绑的情况下，一个人很难真正向其他人敞开心扉，而往往选择自我封闭或者偏激的方式来与人相处。这样的结果只有一个，那就是将自己亲手推入人际关系的悬崖，落得个万劫不复的悲惨下场。

为什么那些社交高手能够游刃有余地和形形色色的人交往呢？其实他们并没有什么秘诀，而是懂得恰到好处地运用“霍桑效应”。不要将自己的神经紧绷，只有张弛有度的交往才会让对方感到轻松自如。一根处在极端状态的橡皮筋会失去本身的韧性，很容易断裂，人际交往的道理也是如此。只有记住“合理宣泄，从容交往”这八字箴言，你才能为合理的人际交往打下坚实的基础。

韦奇定理——拔掉心中的“墙头草”

中国有句俗语叫“墙头草，两边倒”，用来形容一个人没有主见，容易受到旁人的左右。每个人一生中都要做出或大或小的各种决策，小到柴米油盐酱醋茶的居家过日子，大到交友、择业等。众所周知，人是社会性动物，身为社会中的一员，自然拥有亲人、朋友、同事等人际交往圈。因此，在自己准备或者已经做出决策时，别人免不了会给予一定的个人建议或评价。这个时候，“韦奇定理”就出现了。

美国加州大学经济学家伊渥·韦奇曾说：“即使你已有了主见，但如果有十个朋友看法和你相反，你就很难不动摇。”这种现象就被称为“韦奇定理”。遭遇过“韦奇定理”的人如此形容自己当时的心情：“我仿佛走到了一个岔路口，左边是自己已经做出的决定，右边则是朋友给我指出的所谓‘明路’。是坚定自己的决心还是顺从朋友的意见，成为我心中一个难以抉择的事情。”这种情况下，本已做出决定的内心就好像长了一棵“墙头草”，随着风忽左忽右地摆动。

当一件事情众说纷纭，大家各执己见，莫衷一是的时候，你是信心满满地坚定自己的观点，还是人云亦云听从他人的建议？当你做出一个决定时，身边质疑的声音愈演愈烈，这时你还会相信自己是正确的吗？你还会有勇气来执行自己的决定吗？“韦奇定理”清楚地告诉我们，即使我们心中已经认定一个标准，但是在大多数人纷纷质疑的时候，心中的“墙头草”就会摆动，甚至想要放弃。

人际交往中，“韦奇定理”十分常见。随着以自我为中心的交际圈的扩大，你会结识越来越多的朋友。可是，当朋友提出质疑或者与你意见相左的时候应该如何妥善处理呢？我们先来看一看历史伟人的抉择。

话说三国鼎立之时，群雄逐鹿，剑拔弩张。当时占据中原地区的曹操，虎视眈眈地注视着江南，准备一口将其吞掉。战争一触即发，曹操向孙权说：“与将军会猎于吴。”这句看似简单的话语，实则是莫大的威胁。曹操一番话说出口，东吴朝野顿时人心惶惶。张昭身为三世老臣，认为以东吴的实力难以与曹操抗衡，而周瑜却说：“抗曹贼到底！”孙权到底该如何决定呢？

面对不同的意见，孙权反复权衡，最终听从周瑜的意见，决心与曹操决一死战。可是孙权决策刚定，便有人“泼冷水”，奉劝孙权三思而后行。孙权当场拔出宝剑，用力砍下桌子的一角，大声说道：“孤意已决，再有言降者，如斯！”在英主的统帅下，东吴将士所向披靡，成就了赤壁之战，使得曹军“樯橹灰飞烟灭”。不可一世的曹操只能灰溜溜地认栽。

劝降和劝战的声音都出于对朝廷内外形势的考虑，其本意都是为东吴和孙权着想。在关键时刻孙权之所以能够拿定主意，是因为他认真比较了两军的实力，再加上周瑜的帮衬，从而坚定信念抗曹，使曹操几近覆灭。虽然历史不能重演，但是我们可以假设一番。倘若孙权自己拿不定主意，没有坚定的信念，盲目地听从他人的意见，其结果只能是在左右摇摆中国破家亡。所以，当人际圈响起不同声音的时候，盲目从众或逞匹夫之勇都是不理智的做法，往往会让自己的思维陷入混沌之中。明智的做法只有一个，那就是在认真听取他人意见或建议的前提下，仔细权衡当前所面对的形势后，再做出是坚持还是更改的决定。

“韦奇定理”看似简单，实际上却无处不在。它仿佛是一个怪圈，让人们在决策时慌了神、迷了路。每个人都有自己的目标，也有自己的思维模式。盲目听从别人的意见，就会让自己无所适从，迷失最初的方向；不听任何劝阻一意孤行，则会让身边的人逐渐远离，独自“撞到南墙”。

所以，周围的人一旦发出不同的声音，倾听、权衡、决策之后，拔掉心中的“墙头草”才是“王道”。

期望定律——枝头结出的硕果

社会学家斯诺里做过这样一个实验，在得知某个公司职员的愿望是结交更多的朋友后，他在这家公司内宣布：这个职员亲和力十足，是结交的最佳选择。事实上，斯诺里与这个员工只有一面之缘，根本不清楚他是否是成为朋友的合适人选。可是一段时间后，斯诺里再次来到这家公司，他发现这名员工的人气很高，周围的同事都愿意与之成为朋友。这种结局是怎样造成的呢？美国著名心理学家罗森塔尔在 1966 年提出的名为"期望定律"的观点可以解释这个问题。简而言之，"期望定律"就是当一个人对某件事情怀有非常强烈的期望后，所期望的事物就会出现。

现实生活中，"期望定律"被广泛应用在人际交往和管理的过程中。举例来说，你得到他人的信任，对方给出一定的期许，你往往就会按照期许的目标奋力前行。同样，朋友之间能够给予更多信任、肯定和鼓励，这能使对方树立起极大的信心，往往能获得理想的效果。自古以来，中国就有"用人不疑，疑人不用"的说法。既然你选择了某个人，在潜意识里就应当信任他。建立在信任前提下的友谊，才能发挥最大的潜能，收获更多的惊喜。

谢思航是某广告公司的执行董事，在行业内有一定的影响力。除了自身的业务能力之外，与他相识的人都称谢思航身上带有"不可抗拒的力量"。究竟是什么因素成就了谢思航呢？"有人说成功靠汗水，有人说成功靠机遇，还有人说成功靠人脉，我认为这几项都是成功必不可少的因素。”谢思航如是说。根据他的总结，我们不妨为成功列一个等式，那就是成功 = 汗水 + 机遇 + 人脉。谢思航无疑是幸运的，除了自身的努力外，还有朋友的帮助和扶持。的确，人际交往在通往成功的道路上功不可没，而自身对人脉的期望和珍惜，则能够使人脉迅速增长、升值。

“期望定律”可以广泛应用于人际交往中的各个方面，比如说当你对某位朋友期望较高，并总是给对方鼓励时，他很有可能成为你期望的那种人。同样，如果想结识更多的朋友，你不妨给自己一个期许，并准备好足够的信心和勇气，朝着这个目标不断前行，最终一定能取得令自己惊叹不已的结果。

如果将人际交往比喻成人生中的点睛之笔，那么“期望定律”就可以让其妙笔生花，结出人脉关系的硕果。我们都知道，生活和工作中与人交往是必不可少的一项社会活动，交际能力直接关系着生活质量和职场前途。交际如同做一道高深的数学题，盲目地埋头苦干并不是解题的最佳方式。找出简单方法和所遵循的规律，既可以节省时间，还能得到令自己满意的答案。如果在与人交往中给予自己和他人一定的期望，自然你就可以从容地梳理和维护与自己产生交集的各种人际关系。

在这个物竞天择的时代中，想要有一番作为，你就要掌握八面玲珑的交际方法。而“期望定律”则是建立感情的催化剂。如果将信任、肯定、期许连成一体，你自然能够从容应对与人交往的各种问题，从而开辟出一条成功的大道。

第四章 交际约束力：随心所欲害人害己

有些错误的观念一直影响着人际交往，那就是人与人之间的交往需要随性、洒脱。殊不知，这个观念是人际交往中的大忌。过于随心所欲，不懂得顾及别人的感受，动不动就跟人发脾气，这些都不是交际中应有的态度。聪明的交际高手懂得拿捏脾气和性格的分寸，让交际具有一定的约束力。这些懂得不去触碰交际“暗礁”的人不但可以积累丰厚的人脉资源，而且能够完美地平定社交场上的一切纷争，令自己在众多竞争者中胜出。

定式效应——打破常规，寻求突破

毫无疑问，人的脑子有惰性，它有时候很懒，会按照原有的经验和别人的提示去思考，而形成思维定式，这是大脑的一种“坏”习惯。形成思维定式会有怎样的结果呢？要么你会墨守成规，要么你会被人“带坏”。人际交往要是被“定式”化了，那你对别人的认识势必会受到不良影响。这在交际学中被称为“定式效应”，它是指有准备的心理状态能影响后继活动的方式、程度以及走向。在人际交往中，“定式效应”是要特别关注的一个话题。

科学家曾经做过一个实验，在实验中将六只蜜蜂和六只苍蝇装进同一个瓶子中，然后瓶子水平放置，只让瓶底朝着窗子。只见这几只蜜蜂不停地寻找出口，最终精疲力竭而死；苍蝇则不然，它们轻轻松松穿过瓶颈，飞出了禁锢自己的瓶子。这究竟是为什么呢？原来，蜜蜂在思维里认定出口就在光亮的地方，所以它自始至终在瓶底徒劳挣扎。而苍蝇全然没有对光亮即出口的思维定式，四处乱飞碰壁之后，终于逃出囚笼。

我们都知道，人在感觉、记忆和思维方面都有定式的倾向。如果将这倾向带至与人的接触和交往中，你就会产生以偏概全的识人方式。比如，虽然还没有见到某个人，但是通过他人口述就会在心底认定这是一个人品怎样的人。在随即的见面和交往中，心中特定的模式总会告知自己，“他就是那样一个人”。因此，我们的人际交往轻易地被“定式效应”左右。

人生活在一定的环境中，久而久之就会形成一种固定的思维模式，使人们习惯于用老眼光和固定不变的角度来观察、对待事物。反之，如果放开思维，就会有意想不到的收获。

清朝的时候，铜山县有一个穷书生，虽然自幼酷爱读书，可是由于家境贫寒一直没能进京赶考。

一日，穷书生走到当地一家大户门口，请求拜见主人。看门人一看他穷困潦倒的模样，挥挥衣袖就要将他赶走。此时正值主人外出，出门看到穷书生后停下脚步，他问道："你来找我究竟有何事？"穷书生不卑不亢地回答："我想与你结交成为兄弟。"听了穷书生的回答，四下的人们掩鼻嘲笑道："一个穷要饭的，竟然还想和大户人家称兄道弟，真是不知好歹。"可出人意料的是，主人爽朗答应下来，说："好，请仁兄到府上一聚。"看到富人的这个决定，周围人连连摇头，认为他与穷书生结为兄弟定是疯了。

在富人的资助下，穷书生得以进京赶考，竟然摘得状元桂冠，最终成为当地的父母官。之后的事情自然不必多言，有了父母官的照顾，富人的日子更加富足、红火。

后来，很多人询问富人为何要与当时的穷书生结交，富人说道："虽然他衣着褴褛，但是眼神中却流露出远大志向。如果对其给予一定帮助，此人定能飞黄腾达，有所作为。"听完富人的话，众人顿时被他的高瞻远瞩深深折服。

人际交往中就要有这位富人这样的反向思维，千万不要被定式思维所影响。不要太相信自己的眼睛，因为它完全可能是错的。只有打破它，不受它的左右，与人交往的模式才能发散开来，你才能交到更多意想不到的朋友。

南风效应——冷酷只能使人远离

法国古典文学的代表作家之一，著名的寓言诗人让·拉封丹写过一则寓言：南风和北风比试，看谁能将路人的衣服吹掉，结果是温暖的南风让路人自愿解开了衣襟。这则寓言就是要告诉人们：温暖胜于严寒。基于种种寓意，后人总结出“南风效应”。

“南风效应”也叫作“温暖法则”，它是指与人交往中要懂得尊重和关心他人，冷酷无情只能让别人敬而远之。用真情关爱他人的人也会受到他人的爱戴和拥护。关爱是心与心的交流与感动，只有用真心换来的拥护才是发自肺腑的，这种友谊弥足珍贵。在人际交往中，面对一个付出真情的人，任何一个有感情的人都会投桃报李、知恩图报的，就像下面这则故事。

战国初期有一位著名的常胜将军，名为吴起。吴起不仅军事才能卓越，对将士更是关爱有加。

身为一名将军，吴起却与所有士兵同吃同住，行军从来不乘车骑马，而是和士兵们一起背负粮草和武器。

一次，吴起的军队中有个士兵得了毒疮。为了让士兵赶快康复，吴起竟然用嘴为他吸吮恶臭的脓液。这个士兵病好后将这件事写信告诉了母亲，母亲听说后放声大哭。后来，母亲托人写信告诉战场上的儿子，将军如此真情对待他，他必定要誓死效忠吴起，打仗时一定要将生死置之度外，奋勇杀敌。

将军吴起懂得走群众路线，贴近下属，关心士兵，从而得到了士兵的忠心效命。无疑，他的感情投资十分“划算”，有了奋勇拼搏的将士，军队自然常胜不败。

现代人很辛苦，工作压力大，生活节奏快，因此他们每时每刻都需要有人理解，有人关怀。这时，一句关心的话语、一个温情的眼神都能够让对方从心底感动，从而缩短双方的心理距离。

索尼公司董事长盛田昭夫说：“一个日本公司最主要的使命，是培养它同雇员之间的关系，在公司中创造一种家庭式情感，即经理人员和所有雇员同甘苦、共命运的情感。”日本著名企业家岛川三部也说过：“我经营管理的最大本领就是把工作家庭化和娱乐化。”这两名企业家之所以成功，就是因为十分注重与人交往时感情的投入，能够随时给予他人情感的抚慰。“爱人者，人恒爱之；敬人者，人恒敬之”，只有真诚待人、将心比心，才能温暖对方的心灵，从而产生巨大的亲和力。

如今人与人的接触十分紧密，只有运用南风效应真诚地对待每一个人，才能禁受住人品和道德的考验，成为人际交往中的佼佼者。俗话说：“善待他人等于善待自己。”行走在社会中，想要和别人搞好关系，奠定坚实的人际关系基础，你一定要记住“真诚”、“尊重”四个字。冷酷无情之人永远无法实现关于未来的美好蓝图，只有真诚与尊重才是与人交往的根本，也是编织牢固的人际关系网的有效办法。

想要将“南风效应”发扬光大，首先要做的就是让真诚和尊重发自内心，与人的交往并不是逢场作戏。虚心假意地为人处世不但不能赢得别人的欢心，反而容易引起对方的厌烦。只有用一颗火热的真心去对待他人、感动他人，友谊的桥梁才能横跨心灵的两端，建立起超越血缘关系的美好情感。

低调原则——保持低调，万年长青

老子在《道德经》中说道："知其雄，守其雌，为天下溪；为天下溪，常德不离，复归于婴儿。"翻译成现代汉语就是：深知什么是雄强，却安守雌柔的地位，甘愿做天下的溪涧。如果甘愿做天下的溪涧，永恒的德行就不会离失，就能回归到婴儿般单纯的状态。看，老子的用语多么简练，内涵却又多么丰富啊！他用最简洁的语言叙述出人际交往的最高准则——低调原则。

所谓的低调原则，是指保持一种谦虚谨慎的态度，不张扬。生活在现实社会中，每个人必然会与别人或其他的群体有着千丝万缕的联系。在与人交往的过程中，怎样才会受到别人的喜爱和尊敬呢？答案只有一个，那就是保持低调。不过分炫耀自己是让人毕生受益的美德，一个懂得低调的人才是真正懂得积蓄能量的人。不炫耀自己能够避免给人留下太张扬的印象，可以始终让自己处于沉着的状态，在低调内心的影响下脚踏实地地做大事。

蒂娜身为一家公司的销售总裁，对待下属总是客客气气，从来不会因为自己的职位高于下属而轻视他们。

初入职场时，作为新人的蒂娜对待同事毕恭毕敬、谦虚谨慎。她从打印资料等跑腿打杂的小事做起，丝毫没有因为自己的"小角色"而妄自菲薄。她一步一个脚印地努力着，最终以踏实的工作态度和谦虚的为人赢得公司上下的好评，成长为一位可以独当一面的女强人。

几年过去了，蒂娜在行业内已小有名气，但此时的她依然从不炫耀自己，用谦逊之心战胜骄矜之态。她用平常心对待周围的人，用睿智的处世原则从容地工作和交际。久而久之，蒂娜成了公司中最受欢迎的高管。

不管是初入职场还是身居要职，蒂娜从来不夸耀自己的优秀，而是虚心为人，保持低调。蒂娜这一做法无疑是顺应了低调原则，从而有效地防止了自我膨胀，让自己得到了其他人的喜爱。事实证明，只有那些不自以为是的人，才能最终成为伟人。因此，获得良好的人脉关系，顺利与人团结共事的前提便是“低调”。

也许你会说：“我的能力很强，水平很高，功劳也很大，难道这样也需要低调吗？”在这里必须斩钉截铁地回答你：“是的！”只有懂得“以其终不自为大，故能成其大”的道理，才能称得上是一位深谙人际交往精髓的高手。因为在生活和工作中，出于种种原因，人与人之间往往会暗中相互角力，那些自恃才高、张扬炫耀的人很容易成为众矢之的，只有谦虚谨慎、为人低调者才能保持万年长青。

不要因为自己有一些过人之处就认为有了炫耀的资本，俗话说“强中自有强中手”，只有低调做人才能在成千上万的竞争者中成就伟业。因为对于高调的人，没有人会真心喜欢。你把自己的位置摆得那么高高在上，谁还愿意跟你交往啊，要知道抬着头看你大家可是很累的，所以你还是放低姿态跟大家平起平坐，表现得含蓄温婉一点比较好，那样才更加容易被接受。别害怕低调就会被人群淹没，是金子总会发光的，自己先把光彩闪出来，当心别人把你当“假货”来对待哦！

辐射定律——情绪是会传染的

看到题目你也许会感到十分惊讶："情绪也会传染？"是的，自然界中的一切物体，只要温度在绝对零度以上，都以电磁波的形式时刻不停地向外传送热量，这种传送能量的方式称为辐射。这样说来，人自身也会拥有辐射，因为人的温度也在绝对零度以上。除此以外，每个人都会拥有情绪，也就是说每个人都存在"情绪辐射"。比如说，当你带着或喜或悲的情绪去做某件事情的时候，除了事情本身受到影响外，情绪还会辐射到其他相关领域，或多或少影响着他人的心情。

丹尼尔·戈尔曼以《情商》一书而成名，他在书中指出："情绪是指个体对本身需要和客观事物之间关系的短暂而强烈的反应。它是一种主观的感受、生理的反应、认知的互动，并表达出一些特定行为。"就人际交往而言，每一个人都希望与他人建立一个良好而友善的关系，而你对他人的态度或者情绪恰恰决定这个关系的状态。如果付出一个微笑，你收获的将是更多人的微笑。反之，如果将负面情绪辐射出去，反馈回来的情绪自然也好不到哪儿去。如果你的办公室有这样一名同事，他每天愁眉苦脸地来上班，除了唉声叹气之外就是牢骚抱怨，和这种人共事的结果只有一个，那就是你的心情也会随之变得相当糟糕。倘若你身边有一个"开心果"，他开朗乐观、积极上进，和这样的人在一起，你会感到沐浴阳光般的温暖，心情自然好到极致。看过这两种人的表现，相信大多数人都会毫不犹豫地选择后者作为交往对象。

在工作和生活中，很多人都抱怨很难搞好人际关系。那么，在抱怨之前你有没有反省一下自己，你是否拥有良好的情绪辐射？如果心里处于小心提防的“备战”状态，你的脸上自然会肌肉紧绷，毫无表情。如果露出阳光般的微笑，真心和别人相处，你必然能够收获友情。所以，交际过程中一定要注意自己的情绪辐射。一个带有爆炸危险的“负面辐射源”是没有人愿意与之接近的。

罗斯最近整日愁眉苦脸，不停地唉声叹气。接着不知为何，整个办公室都变得死气沉沉，每个人都急切盼望下班铃声响起，逃离这个让人抑郁的空间。伴随沉闷的气氛而来的，还有不断下降的工作效率。这一现象很快引起了主管的注意。

主管经过仔细观察，终于发现了其中的缘由。本来大家心情很好，可是随着罗斯的抱怨声，同事的心情也沉入谷底，没有心思继续工作。为什么会这样呢？这都是“辐射定律”在作怪。

解铃还需系铃人，为了避免“辐射定律”带来的负面影响，主管决定找罗斯好好谈谈。

针对罗斯的烦心事，主管耐心地开导了他。罗斯的心情一好，就变得喜笑颜开，还时不时地说些小笑话逗同事一笑。

在笑声中工作的确是一件非常惬意的事情，这不，不但同事们的关系变融洽了，而且超额完成了公司制定的目标。办公室的沉闷气氛一扫而光，取而代之的是轻松、愉悦的办公环境。这样一来，每个人的头顶都是艳阳高照。

一个可以控制自己情绪的人通常具有过人的适应能力，他们可以在任何情况下与别人打成一片，从而游刃有余地与他们交往。这些人玩转交际场的秘诀只有一个，那就是注重“辐射定律”，自主控制情绪，杜绝小情绪扰乱大事业的情况发生。情绪的波动不但会左右我们的状态，还能影响我们的人际关系。因此，我们应该对自己的情绪进行深入了解，同时学习控制情绪的方法，最终做到对情绪驾驭自如。

然而，不管在职场中还是生活中，我们总能看到这样一群人。他们喜欢用喋喋不休的抱怨和暴躁的脾气来宣泄自己的不满，根本不在乎他人的感受。殊不知，这种行为已经辐射至周围，在影响自己心情的同时，也在破坏自己在他人心中的形象。如果想成为一位社交达人，你就要学会保持心平气和，适当控制自我的情绪，这样一来既可以适当调整自己的行为，也能提升个人的形象。

野马结局——收收你的暴脾气

你是个暴脾气吗？你没觉得自己的暴脾气会给你造成很多的损失吗？如果你对自己的暴脾气无动于衷，那你可就要警惕了，“野马结局”很可能就在不远处向你招手呢。什么是“野马结局”？它是生活中的一种法则，是指因芝麻小事而大动肝火，以致因别人的过失而伤害自己的现象。

它的定义来自于暴脾气的野马。野马本来无忧无虑地生活在非洲草原，直到草原来了一位不速之客——吸血蝙蝠。吸血蝙蝠是以叮在野马的腿上吸血为生的。野马在被叮之后会暴怒，开始狂奔，企图甩掉吸血蝙蝠。然而吸血蝙蝠却非常从容，任凭野马怎样折腾，它都毫不理会。等到吸血蝙蝠肚皮吸得滚圆，拍拍翅膀飞走时，野马已经死了。然而，动物学家发现，吸血蝙蝠所吸的血量极少，根本不会使野马死去。经过多年的调查发现，致使野马死亡的真正“凶手”并不是吸血蝙蝠，而是暴怒与狂奔。对于野马来说，吸血蝙蝠的存在就是一种来自外界的挑衅，这种外因令野马产生剧烈的负面情绪，从而将自己置于死地。

被自己的暴脾气“害死”的可不止野马而已，自诩为万物灵长、聪明无敌的人也不例外。这不，办公室又响起大声吼叫的声音，里约没能控制自己的情绪和同事发生了争执。

事情的起因非常简单，同事卓琳不小心将里约桌子上的文件碰落在地上。由于着急处理其他事情，仓促之中她将文件杂乱地捡起来，并没有整理成册。里约看到后，心中大为不满，他准备好好提醒卓琳一下。

脾气暴躁的里约来到桌琳面前，劈头盖脸便是一顿数落。卓琳面色忽白忽红，十分尴尬地反驳了几句。正是由于这两句反驳，里约熊熊燃烧的小宇宙顿时爆发，双方冲突开始升级。

争执中，里约就像一个炸药桶，口无遮拦地喷发着火气。可是，他万万没有想到，自己的行为已经扰乱了其他人的正常工作秩序，从而引起了众人的反感。之后的工作中，没有人愿意搭理里约。久而久之，里约只落得形单影只的下场。

如果时间能够回转，里约能够控制脾气，事情的发展就不会是这个样子。如果里约友善地提醒卓琳，这场不该发生的争执就能够避免。脾气不好、控制力差，遇到事情调节不了情绪的人终归会成为众矢之的，从而阻碍人际关系的发展，落得“野马结局”。

很多人常常因为工作和生活中的琐事而大发脾气，这些负面情绪流露出的信息只有一个，那就是他不能好好管控自己的情绪，从而直接危害自己的利益。如果火爆脾气不能够收敛，除了会降低个人的工作效率和生活质量外，还会影响人际关系，让人脉网络一点一滴地被坏脾气腐蚀。

英国有句谚语：“用别人的错误惩罚自己是愚蠢的人。”的确，因为一点小事就大发雷霆，最终受害的只有自己。如果不想做“愚蠢的人”，首先你要做的就是克制情绪，平和地应对外界刺激。

生活中的压力时刻存在，职场、交往中的竞争也十分激烈，为了避免负面情绪爆发，就要学会适当地减压。只有做到心态阳光、处事不惊，你才能冷静地对待一切人和事，才能找到突破坏情绪的契机，从而攻破扰乱自身发展的“碉堡”。中国有句古话叫作“静中得力”，在事情面前不乱了自身的阵脚，才有可能获得真正意义上的成功。

“冲动是魔鬼”，与其因为外界因素的影响而大发脾气，过后又在后悔不迭中发现小情绪的危害，我们不如及早控制情绪，做个心智成熟的人。

海格力斯效应——冤冤相报何时了

仇恨能带给你什么好处？除了报仇的些许快感之外，别无其他。也许因此你将永远生活在冤冤相报的仇恨海洋中，仇恨淹没了你，你还有什么生活的乐趣可言呢？而且仇恨只会越长越大，大到最后你自己都无法控制，就像古希腊神话中的英雄海格力斯所遭遇的那样。

一日，海格力斯独自行走在小路上，突然他发现脚边有一个袋子状的东西。海格力斯上前踩了一脚，哪知道那个东西不但没有被踩破，反而迅速地膨胀起来。海格力斯愤怒了，他发疯一般用木棒砸那个袋子。好家伙，那个袋子成倍成倍地变大，最终堵住了海格力斯前行的道路。

无奈的海格力斯坐在路旁生着闷气，这时，一位圣者来到他的身旁说："赶快忘了它吧，它叫作仇恨袋。如果你不理它，它的形状就是一个普通的袋子；你若侵犯它，它就会越变越大，与你敌对到底。"

后来，人们根据这个神话总结出"海格力斯效应"。换句话来说，"海格力斯效应"就是指人际间或群体间冤冤相报，致使仇恨越来越深的社会心理效应。显然，"海格力斯效应"会使人陷入无休无止的烦恼之中，丢失真正的快乐与进步。

中国人讲究与人为善，老子有云："善者，吾善之；不善者，吾亦善之，德善。信者，吾信之；不信者，吾亦信之，德信。"意思是说：对于善良的人，我善待他；对于不善良的人，我也善待他，因为圣人的品德就是善良。对于诚信的人，我对他诚信；对于不诚信的人，我也对他诚信，因为圣人的品德就是诚信。所以，与人为善是为人处世的基本原则。就是这个“善”字，道出了人际交往的真谛。

多年来，张俊奇教授一直坚持与人为善，几十年如一日地播种善良的种子。

曾经有人问他：“你就没有仇恨过别人？”

张教授笑笑说：“当然有过，只不过当仇恨还处于萌芽状态时就被我连根拔除了。”

“那结果如何呢？”

“结果？结果很简单。那些仇恨过我和我仇恨过的人现在都是我的朋友，大家相处得十分愉快。”张教授回答。

最后，张教授说：“如果你在心中埋下仇恨的祸根，随着怨恨的加深，祸根就会越来越大，导致危机四伏。此时的你没有任何与人交往、共事的想法，一门心思地想要报仇。可是冤冤相报何时了，我对付你、你对付我的结局就是两败俱伤。倒不如在恶性结局发生之前，就亲手埋下善良的种子。当这颗种子生根发芽，长成参天大树后，带来的葱郁定能够让更多的人受益。”

正如张教授所言，在竞争激烈的社会中，保持善良尤为重要。睚眦必报、斤斤计较的人往往会让仇恨越积越多，最终膨胀爆炸，使双方都成为“海格力斯效应”的受害者。只有通过自己的善良和诚信感动身边的人，你才能得到他人的善意与信任。

孔子曾说：“仁远乎哉？我欲仁，斯仁至矣。”只有摆脱仇恨、嫉妒的纠缠，一个人才能够用敏锐的眼光洞察世间百态，找到心灵深处快乐的源泉。在人际交往中，善待他人就是善待自己，播种善良定能收获希望。

宽容定律——宽以待人，方得大成

战国时期，魏国边上有一个靠近楚国的小县城，一个姓宋的大夫在此做县令。两国交界的地方土壤很好，适合种瓜。

一年春天，魏国和楚国交界处的村民又种下了西瓜。可惜的是，当年的雨水较少，干旱的田地里瓜苗几乎不能生长。

为此，勤劳的魏国村民每天都要去地里挑水浇灌。慢慢地，魏国村民的瓜地里，瓜苗开始继续生长，比楚国人种的高出不少。楚国村民看到这种情形，心里十分嫉妒，于是酸溜溜地趁着夜色偷偷去魏国村民的瓜地里踩瓜秧。

魏国村民发觉后，气愤不已，于是决定以牙还牙。宋县令知道后，连忙对村民说："我奉劝大家不要去踩他们的瓜秧。"爱瓜心切的村民听到县令如此说，纷纷将矛头指向了他。他们嚷嚷道："难道我们还怕他们不成，他们踩瓜秧在先，我们也一定要这样做。"县令说："如果你们要报复，只能解解心头之恨。可是以后呢，双方继续你踩我的瓜秧，我踩你的瓜秧，最终结果是大家都没有收获。"村民听了，问道："那我们该怎么办才算妥当？"宋县令摸着自己的胡子，说道："你们每天去帮他们浇地，结果便会知晓。"魏国村民很听话，每天都去挑水帮楚国村民浇地。楚国村民发现后，惭愧得无地自容，说道："魏国人不但没有记恨我们，反倒天天帮我们浇水。"这件事情被楚国的县令知道后，立即上报楚王。

本来楚王一直对魏国虎视眈眈，企图吞并，听了浇水这件事情后深受感动。于是，楚国主动与魏国示好，并对魏国赞赏有加。一来二去，不但两国的村民成为互帮互爱的好朋友，连魏国和楚国之间也建立起了友好的关系。

虽然只是浇水这样一件小事，但是它不但保护了两国的瓜田，还将一场即将发生的战争消弭于无形。所以，这又不止是一件小事，它蕴含着人与人之间交往的智慧，那就是宽容。

如果将仇恨和敌视比喻成一道不断增长的城墙，那么宽容和善良则是一条不断拓宽的道路。宽容别人就是善待自己，正如“宽容定律”所表达的含义，只有为他人提供宽容的氛围，自己的心灵才能够留下舒缓的空间。

“世界上最宽阔的是海洋，比海洋更宽阔的是天空，比天空还宽阔的是人的胸怀！”如果你用脚踩扁了一朵紫罗兰，紫罗兰却会将它的清香留在你的脚跟，这就是宽容。宽容是一种美德，一种修养，同时也是一种为人处世的态度。老子云：“不知常，妄作凶。知常容，容乃公，公乃全，全乃天，天乃道，道乃久，没身不殆。”意思是说，认识自然规律的人才能包容一切，宽容才能使自己公正无私，公正无私才能处事周全，处事周全才能遵循天理法则，遵循天理法则才能符合自然的道，符合自然的道方能长长久久，一辈子没有危险。

哲学家康德说：“生气，是拿别人的错误惩罚自己。”所以，宽以待人不仅是对他人的宽容，也是对自己的宽容。社会交往中多一点宽容，相处环境就会变得更加美好。

淬火效应——冷处理往往会出奇制胜

“淬火效应”原指金属工件加热到一定温度后，将其浸入冷却剂（油、水等）中，经过冷却处理，工件的性能更好、更稳定。基于这种理论，社会关系学家衍生出“冷处理法则”。“冷处理”是相对于“热处理”而言的。所谓“热处理”就是以正面的积极接触为主，用热情来打动对方。而“冷处理”则是欲擒故纵，让人欲罢不能，主动“上钩”。

利比是一个交际高手，他想与自己的顶头上司成为朋友。对于别人来说，在公司中和高层结为朋友是一件可望而不可即的事情，但是利比自有方法。

在下班途中，利比在电梯间“偶遇”上司，并且从上司手里的体育杂志推测出上司是一位体育爱好者。果然，经过多方打探，利比知道上司有每天清晨跑步的习惯。第一天，利比在上司跑步途中“意外”地碰到了上司，两个人客气地寒暄了几句。第二天，同样的时间，同样的地点，利比向上司透露自己十分热爱跑步这种锻炼方式。第三天、第四天后，利比和上司的关系似乎稍稍近了一些。半个月之后，上司已经习惯有利比陪伴在身旁一同跑步。可是，第十六天的时候，利比没有出现，第十七天他仍然没有出现……这个时候，上司坐不住了。于是，他主动找到利比询问原因，两个人的关系在潜移默化中更近了一步。

显然，利比是操纵人心的高手。前面十五天都跑步，已经让上司习惯了自己的陪伴，从第十六天开始突然不见，能够让上司感受一下没有自己陪伴的孤单感。

这就是典型的“淬火效应”的应用，适时的冷却不但不会使彼此的关系变冷淡，反而会加深彼此的交往程度，更有利于彼此关系的进一步发展。在人际交往中，恰当地运用淬火效应才能出奇制胜。

身为推销员的卢森深知这个行业内不可外传的诀窍。

有一段时间，一位重要的客户总是推说很忙，没时间接受拜访，好不容易见面了，也是几句话就将卢森搪塞了。为此，卢森非常着急，常常一天十几个电话，生怕大财神跑了，但是对方总是直接选择不接。面对这种情况，该怎么办呢?

卢森听从了前辈的建议，开始有意识地将交往重点转移出来。他在跟定这条主线的同时，积极地与其他客户交往，除了每天的问候短信外，卢森不再主动和这位客户联系。

随后，卢森主动放出口风，说自己的货物十分紧俏，根本不愁销路。那个不愿合作的客户听到后，主动给卢森打来电话，询问合作事宜。此时的卢森不慌不忙地说：“合作的事情我再向公司申请一下，要知道现在的货源太紧张了。”此后，风头突变，原来“上赶着”都不愿意合作的客户主动向卢森购买货物，一大单买卖就这样敲定了。

其实，不管是做生意还是经营人际关系都是这样，所谓“上赶着不是买卖”，偶尔“淬火”一下效果反而更好。另外，与人交往的过程中，难免因为这样或那样的事情发生矛盾。如果两个正在火头上的人继续理论，想必结果只能是让矛盾升级，呈现愈演愈烈的趋势。此时“淬火效应”就能展现出冷处理的好处。经过一段时间的冷静后，事态会逐渐清晰，头脑会变得理性，也能让双方的关系不遭到破坏。

适应定律——大千世界，适应为王

社会适应能力是指人在社会上生存时，根据需要做出的心理和生理上的各种适应性的改变。托尔斯泰说："世界上有两种人：一种是观望者，一种是行动者。大多数人都想改变这个世界，但没有人想改变自己。"有时候，我们改变不了周围的环境，可是我们能够改变自己。试着改变看待事物的角度和心态，你就会发现眼前的一切并没有想象中的那么糟。

日本著名演员高仓健初做演员时十分苦恼，复杂的人际关系、纵横交错的背景让他感到十分头疼。他在一次接受采访时说："当时，我的所有精力都花费在处理人际关系上，这种环境常常令我措手不及，更不要提多花费点心血来塑造角色了。"

然而是什么成就了高仓健最后的成功呢？高仓健继续说："为了实现做演员这个梦想，我听从一个朋友的建议努力去适应这个环境，因为环境不可能因为我的存在而改变。"后来，他试着改变自己，将自己的一切都融入演艺界这个大环境中。经过千锤百炼后，他终于在演艺界如鱼得水，能够游刃有余地处理各种关系和事务。

适应定律能够直接反映出一个人的综合素质，是个人融入社会、接纳他人的表现。"这家公司办公室政治太复杂，我还是走为上策。""哎，烦死了，他们怎么如此麻烦？"当你嘴中说出以上抱怨的话语时，你首先应该思考的就是如何改变自己，适应环境。不管这个环境你是否满意，它的存在就表示它顺应了大多数人的意愿，自然有它存在的道理。如果你的力量不够强大，改变不了现状，那么改变自己才是明智的选择。

有意识地让自己适应社会、适应环境、适应他人之后，潜意识里就会接纳这一切。比如说你对某个陌生的场合很是厌烦，甚至不愿意在里面多待一会。可是你是否想过，这个场合也许关系着职场前途，也许影响着未来的生活状况。适应环境、改变自己才是不二法则。在交际过程中，难免会遇到各种各样的环境和形形色色的人群，出于主观判断给其贴上“好”或“坏”的标签是愚蠢的做法。当你主动、有意识地融入其中时，你就会发现事物的另外一面。

人的一生要接触许多社交场合，从此地到彼地，从旧环境到新环境，每个人都少不了这样的经历。当涉足一个陌生的交际空间，进入一个新的交际网络时，你要学会摆正自己的位置，调整自己的心态，以便顺利度过人际关系的磨合期。交际关系复杂多变，如果不能够一眼窥清，你就要细心留意，抓住时机较好地切入。在新的环境内，如果心态不能随之调整，你就无法在新的环境中生存。

人是能动的，环境是不以人的意志为转移的，人应该主动去适应新环境，而没有理由要求新环境去迁就你个人。所以进行角色转换应是一种自发的行为，适时地成功转换，就能在对方认可的范围内有效地促使双方互相吸引。不要怀疑适应定律的真实性，试着改变自己，你定能发现不一样的天空。

破窗效应——将小错误斩草除根

政治学家威尔逊和犯罪学家凯琳共同提出了一个“破窗理论”。这个理论认为：如果有人打坏了一扇窗户玻璃，而这扇窗户又得不到及时维修，别人就可能因此受到某种暗示，从而纵容他们去打烂更多的窗户玻璃。人们经常做的一件错事就是好高骛远，每天都梦想着一夜成名、一步登天，从不屑于小错误的改正。其实在为人处世的时候做好看似平凡简单的每一件事，将小错误连根拔除，才能为日后的发展打下坚实的基础。

洪应明在《菜根谭》中提到：“处治世宜方，处乱世当圆，处叔季之世当方圆并用。”所谓“方”就是框架，为规矩制度，是做人之本；所谓“圆”则是圆滑，为聪颖老练，是处世之道。一个交际高手应该懂得为人处世的技巧，从根本上杜绝破窗效应的发生，从而不断让自己圆融于世、顺通做人，维护好自己的人际关系。

因此，我们在人际交往中应当建立一种防范和修复“破窗”的机制，及时修补破损的窗户，以树立良好的个人形象。如果我们忽略了一个小缺点，就等于纵容了错误，其他问题就会接二连三地出现，最后使自己成为一个麻烦不断、没人愿意接近的人。古人云：“勿以恶小而为之，勿以善小而不为。”因此，我们绝不能忽视小错误，无论它多么微不足道，都要及时地予以处理。

曹植是曹操所有儿子中最有才华的一个，但是他却没有得到父亲的欢心，反而被曹操猜疑，最终郁郁不得志。为什么呢？因为曹植不懂得“破窗效应”，触犯了人际间的禁忌。

一次，曹操出兵讨伐东吴，曹植留在邺城守候。留守期间，曹植无意中打开了司马门，但是他并没有当回事。待曹操旗开得胜回到邺城时，有属下报告称：“曹植擅自打开司马门，且奔驰于驰道。”曹操顿时大怒，司马门只限曹操个人使用，没想到儿子曹植竟然如此大胆。

其实，曹植根本没有心思篡位，他并不倾心于政治。只是曹操本来疑心就重，加之“破窗效应”在曹植身上起了作用。于是，曹操认定曹植想要取而代之，终生都对他不信任。

曹植的行为打破了曹操心中的“窗户”，因此曹操不喜欢这个儿子。实际上，一些小错误确实能演变成为根源性的东西，迅速将负面影响扩大。

与人交往的过程中一定要重视这种看似很小的错误，为了防止“破窗效应”的发生，我们应该采取有效的应对措施，以防患于未然。比如，每日的自省就可以帮助自己查漏补缺，改掉不足，完善自我。在日本的公司中，流行一种“红牌作战”的活动，具体内容就是找出自身需要改善的地方，然后用“红牌”标示，记录在册。实践证明，“红牌作战”一段时间后，员工大都养成了遵守规则的习惯，自身素质也有显著提高。

所以，我们也应该为自己的小错误贴上“红牌”，在轻松中保持警醒，在懈怠时保持精神饱满，在错误的苗头出现时及时改正。这样，一切事务都会井然有序地发展，交际能力也会更上一层楼。

“鹤立鸡群”心理——枪打出头鸟

“枪打出头鸟”这句话对于行走职场和社会中的人非常有效。在同一个环境中相处久了，每个人与周边的人经过长时间的互动已经达到了某种共存的关系。如果这个时候谁要故意让自己显得比别人高出一头，那么他必然会破坏原有圈子的宁静，自然就成为大家的“公敌”。

著名的心理专家米切尔博士曾说过：“人们总习惯在人前显露自己的精明和风光，但他们从未意识到，这样会给他人带来什么样的感觉，也从未觉得这样做有何不妥。”确实，亮出自己与众不同的优势可以赢来更多的机会。可是这样做的负面作用也随之而来，自我表现过度，“鹤立鸡群”的心理就会产生。如果被这种心理所操控，你就会一味地想出风头，故意排挤别人，最终沦为一个被众人唾弃之人。

难道“鹤立鸡群”就是错误的吗？人如同大雁一般都是群居动物，只有“合群”地飞翔才能顺利到达目的地。人生也是，只有让自己与周围的人保持和谐的社交环境，你才会飞得更高更远。

黛尔在短短半年的时间内已经有四个朋友离她而去，无奈之下，她只好寻求一位社交咨询师。

“第一个朋友和我相识的年头较长，可是她的才华平平，我们实在没有什么共同语言，”黛尔有些遗憾地说，“不过她为人亲和，总能耐心地倾听我的话语。”

“那第二个朋友呢？”社交咨询师问。

“哦，我的性格比较内向，不太喜欢喧闹的人群。可是我的这个朋友性格十分开朗，她超大分贝的笑声是我所忍受不了的……”

咨询师笑了一下，问：“第三个是什么问题？”

“我很反感别人在背后说坏话，可是一连几次，我都听见他在聚会的场合说我清高。我不是清高的人，我的心情受到了干扰，所以我不愿意继续和他交往。”

“与第四个朋友相处起来比较难，虽然他很安静，但是我觉得他似乎太冷漠了。我在怀疑，他是否拿正眼看过我……”

社交咨询师站起身，踱了几步，说：“你的困难很好解决，可是你必须明白，鹤立鸡群者终究会被社会所淘汰。你要尽量合群，而不是把自己置于群体之外。”

如果在公司里，你没事整天念叨“我很棒，我要升职加薪”，很容易被同事看作异己。志向远大并不是什么错误，可是天天对同事强调自己的进取心，无疑是在对其他同事挑衅。因此，低调做人才是自我保护的最好方法。树敌过多的后果就是成为众矢之的。

莎士比亚说：“对于他人的话，你要善意听之，那么你将得到五倍的聪明。”如要改善自己与他人之间的关系，那你就要承认对方的长处，而且时常表现出对方对自己是非常重要的，让对方觉得被重视。

总之，与人交往万不可存有“鹤立鸡群”的心理，在别人眼中你未必比其他人高明多少。不要试图用强出风头的方式来博得对方的注意，这样虽然别人注意你了，却并非是好感。真正聪明的人懂得韬光养晦，想要出头时，也会选择合适的方式争取机会。

重复定律——坚持并加强就能成真

我国历史上流传已久的“三人成虎”的故事，为我们形象地展示了一个心理定律——重复定律。

话说魏国大夫庞恭和魏国太子被作为人质送往赵国。临行前，庞恭问了魏王一个十分简单的问题：“有一个人自称在熙熙攘攘的街市上看到一只老虎，您会相信吗？”魏王摇了摇头。庞恭又说：“同时有两个人对您说在闹市上看到老虎，您信吗？”魏王依旧摇了摇头，说：“不信。”庞恭顿了顿，继续说：“现在，有三个人都说他们在大街上的人群中看到了老虎，您还会不信吗？”魏王想了一会儿，说：“我会相信。因为这么多人都说看到了老虎，肯定有老虎在街上出现过。”这就是心理学中的“重复定律”。

“重复定律”也称被为“实践定律”，是指任何思维和行为，只要你不断地重复，它在人脑中就会得到加强。在一个人的潜意识中，如果反复重复一件事情，这种印象就会由模糊变得清晰，最后在潜意识里产生事实存在的印象。现实生活中，每件事情的成功都需要反复操作才能达成。也就是说，不管是想要好人缘还是好事业，你都得拥有忍耐力，让自己不断坚持，才能获得高于他人的成就。

虽然自然界有着几十万种生物，但是能够到达高山顶峰的动物只有两种，一种是苍鹰，一种是蜗牛。前者拥有傲人的翅膀，可以在天空中自由翱翔；而小小的蜗牛却背着重重的壳，它总是不停地向上攀爬，最终也能够到达想要前往的地方。蜗牛一直重复着爬行这一过程，才能和苍鹰一样到达顶峰。

我们每个人都想成为众多竞争者中的佼佼者。但是，有些人风光无限，出人头地；而有些人则庸庸碌碌，默默无闻一辈子。难道前者拥有过人的能力？其实不然，无论哪个领域，只要凭借着永不放弃的蜗牛精神，你就可以到达梦想的天堂。

人际关系对个人的未来有着举足轻重的作用。倘若你有一定的人脉扶持，成功的几率自然会大大提升。然而，如何才能累积人脉，构建自己的人际关系网络呢？不要忘记“重复定律”。

也许他对你无动于衷，也许他不愿意与你继续交往。然而是逃避退缩，还是勇往直前，都在于你的决定。心理学家有过一个形象的比喻：一个人发现自己的梦想就在大山的另一端，没有任何可以绕行的道路，唯一拥有的只是一把小锤子。如果反复敲击着大山，就意味着你离梦想更进一步。如果在敲击过程中被困难吓倒，那就意味着你永远告别梦想与成功。很多时候，个人的失败并不是因为实力不够，而是不肯使用“重复定律”。放弃和退缩所带来的后果就是与成功渐行渐远，而用定力做后盾，一定会给人生画上浓墨重彩的一笔。

不管是为人还是处世，只要拥有梦想，那么你就不要停止前行的脚步，重复昨日的步伐坚定地前进。放弃自己“想要放弃”的想法吧！记住，只要重复了一次，你就离目标更近了一步。当你站在成功的顶峰俯瞰人生时，你会发现自己的人生因为存在“重复定律”才无限精彩。

竞争优势效应——狭路相逢，两败俱伤

“鹬蚌相争，渔翁得利”的典故大家都听说过。

一只河蚌张开壳悠闲地晒着太阳。一只鹬飞了过来，想要吃掉壳里的肉。河蚌很是气愤地想：“有张利嘴就能够吃掉我吗？我非要让你尝尝我的厉害。”于是，河蚌合上了壳，鹬的长嘴被紧紧夹在里面。

河蚌和鹬都在暗中较劲，谁都不服输。

河蚌想：“我就是不放过你，一定要让你活活饿死。”

鹬在想：“天气如此炎热，这样下去早晚会烤死它的。”

就这样，双方谁都不松口。一个渔夫路过，看到这种情景，欢天喜地地捉起了河蚌和鹬回家了。

此时的渔翁在想：“真是好事，不费吹灰之力就给自己找到了下酒菜。”

拼尽全力，想要与对方争个你死我活的河蚌与鹬，最终都成了输家。

心理学家认为，竞争是人与生俱来的一种天性。潜意识中，每个人都不愿意有人能够强过自己，将自己的势头打压下去。因此，当双方发生冲突或者矛盾时，激烈的竞争开始了。在鱼死网破的对抗中，人们更加倾向于选择竞争，而不是合作，而这种现象被心理学家称为“竞争优势效应”。

很多时候，“竞争优势效应”的产生源于利益冲突。然而，如果双方的利益建立在共同的基础上，那么还会有竞争产生吗？

战国时期，有一群人相聚在赵国，他们谈论的话题只有一个，那就是如何去攻打秦国。

秦昭襄王知道这个消息后，十分担心。他找来范雎，想听听他的意见。

范雎对秦昭襄王说道："大王不必担忧，我自有办法来解决。"

之后，范雎揣着很多黄金来到赵国。他先是找到一块平阔的场地搭了一个擂台，然后传出消息，只要是优胜者就能得到黄金万两。

这个消息如同一石激起千层浪，引得赵国上下议论纷纷，那些谈论如何攻打秦国的人为了显示自己的实力并争夺黄金，一个个走上了擂台。本是志同道合的他们，来到擂台却成了仇人。就这样，为了范雎的万两黄金，他们争斗起来。

一场关于秦国的危机就此化解。

由此可见，即便拥有共同的利益，也会有竞争存在。换言之，只要有利益存在，就会有竞争存在。

那么在人际交往中，我们该如何消除"竞争优势效应"的负面影响，化干戈为玉帛，让竞争向有利方向转换呢?

虽然利益是竞争的关键点，但是事实证明，只要沟通足够充分，竞争就可能避免。比如说赵国的擂台赛，如果那些"有识之士"能够进一步沟通，他们就会很容易看穿范雎的目的。如果能够心平气和地坐在一起共同协商相关事宜，那么双方合作的可能性就会大大增加。

交际场中，面对带有竞争意味的对方，我们一定要努力促成合作，才能实现最终的双赢。荣格曾列过这样一条等式：我 + 我们 = 完整的我。绝对的自我是不存在，只有融入"我们"这个大的社交圈子后，"完整的我"才能够出现。可见，只有合作才能让自己拥有更多的可能性，才能拥有更高的成功几率。所以说，消除"竞争优势效应"的消极作用来与人合作，已经成为现代交际场上所必备的能力之一。

巴纳姆效应——情绪化，太可怕

如果将人们的情绪进行划分，大致可以分为感情用事型和理智型两种。前者情商相对较低，容易受到外界的影响。当随性而为时，他们就会陷入“巴纳姆效应”的深渊而不能自拔。而后者情商很高，遇到事情时能够做到沉着冷静、三思后行，从而妥善管控自己的情绪，避免出现情绪化的偏激事件。

“巴纳姆效应”是由心理学家伯特伦·福勒于1948年通过实验证明的一种心理学现象，它主要表现为：每个人都会很容易相信一个笼统的、一般性的人格描述是真实的、有针对性的。即使这种描述十分空洞，他仍然认为反映了自己的人格面貌。这就说明，如果一意孤行地走入“巴纳姆效应”的误区，将自己捆绑起来的“凶手”正是自己。相反，如果能够摆脱情绪化的纠缠，不但心情豁然开朗，就连看到的世界都会与众不同。

有一对孪生姐妹长得一模一样，每天放学后她们都会一起去学校附近的超市。

虽然姐姐和妹妹外表都很文静，但是姐姐的脾气却十分火爆。

每次来到超市，姐姐都会对妹妹进行一番严厉的批评：“你真笨，快要过期了还买！”“你难道是白痴吗？这两个货物只不过牌子不同，里面的东西是一样的，你为什么偏拣贵的拿？”甚至说：“废物，我真怀疑你会不会买东西！”

可是妹妹从来不说话，不管姐姐如何责骂她，她都能气定神闲地买走自己选中的东西。

一天，只有妹妹一个人来到超市。

“今天怎么自己来了？”售货员问道。

“姐姐生病了，没去上学。”妹妹很有礼貌地回答。

“你姐姐太厉害了，好像每天都要骂你。”售货员试探性地表示。

“还可以，随她骂好了。”妹妹继续选购东西，售货员的提问丝毫没能将她的心情搞坏。

“可是她每天都要骂你，你真的不生气？”售货员十分好奇。

“骂人的时候，只有她最生气。我被骂一下又不会痛，为什么要生气呢？”妹妹反问道。

是啊，发怒时最生气的人是发怒的那个人，我们为什么要生气？生活在社会上，我们每天都要和各种各样的人打交道，自然会遇到有些看不惯或者感觉厌烦的人或事。遇到这种状况你该如何去做？被负面情绪打扰前行的脚步，还是置之不理继续向前走？前者是情绪化的受害者，而后者才是真正的智者。我们都应该明白这样一个道理：不管遇到什么事情，生气或者不生气，高兴或者不高兴，悲伤或者不悲伤，快乐或者不快乐，都是由我们自己掌控的。也就是说，不要让外界的因素来影响自己的情绪。

生活中我们都有过这样的经历：如果你在人群中打了一个哈欠，周围的人便有可能不由自主地跟着打起来。同样的道理，如果情绪受到外界的牵绊，你就免不了会被别人“牵着鼻子走”。在人与人交往的过程中，每个人都应该努力做情绪的主人，时刻保持理智。如果很容易就被他人的言行举止或客观环境的变换所影响，我们的心态就难以保持平和，人际关系也难免受到影响。

多数人都因外界因素有过冲动，也就是说“巴纳姆效应”普遍存在。而我们应该做情绪的主人，打破“巴纳姆效应”是每一个人都应该做的事情。当你学着豁达一点、宽容一点、理性一点的时候，你会突然发现自己的人气骤增，很多人喜欢与豁达、宽容、理性的你相处。此时，愤怒、悲伤、仇恨等负面情绪又算得了什么？倒不如让它们变为沙漠之中的一滴水，瞬间蒸发了吧。

第五章 交际应酬学：应酬是门艺术

如果要谈生意、谈事情、扩大人脉、增长见识，那我们就离不开应酬这件事。尤其是现在，人际交往越来越频繁，人们好像动不动就要出去应酬一番。倒不是人们越来越矫情，而是我们真的需要它。即使觉得应酬是一件没有必要的事，但是既然你参加了，就说明你需要，你就有义务将它做好。

应酬有应酬的讲究，尽管应酬是交际的一个组成部分，但是应酬相对于普通的交往来说，还是有很多自己的规矩。你要怎么吃饭、怎么举杯、坐在哪里、说些什么、保持怎样的心态，这些都是必须得知道的。如果你什么也不管、什么也不懂，失了礼、丢了人，那可就真的成了交际的噩梦了！

投射效应——每个人都自以为是

不管承认与否，其实我们一直在影响着周围的生活，或者说其实我们在潜意识当中非常希望自己对周围的一切是有影响的。所以，我们常常会不自觉地将自己的意志和喜好加到别人的身上。于是，自以为是成了我们的天分，我们总是觉得自己的想法是正确的，并且认为别人对此也不会有任何异议，所以我们好心地用自己的“自以为是”去解决别人的问题。虽然学会了“己所不欲，勿施于人”，我们却没能明白“己所欲之”同样也不能“强施于人”的道理。于是，得到的结果有可能是双方都不满意。

是的，你不喜欢的别人也不会喜欢，你喜欢的别人同样也不一定喜欢。不要以为别人对你的好意不领情就是不识好歹，你的好意也许并不适合别人，甚至给人家带来了困扰也说不定呢！就像下面这个故事。

有一对老夫妻，风雨同舟、相敬如宾几十年，直到结婚五十周年的金婚宴会上，老先生终于爆发了。这场爆发是在妻子第无数次将鱼头放进他的盘子里的时候开始的，只见老先生怒不可遏地对着妻子大叫道：“我再也受不了了，你为什么总是在吃鱼的时候把鱼头给我？这么多年了，我已经受够了，我不爱吃鱼头，不爱吃鱼头！”

老太太惊呆了，她难以置信地看着自己的丈夫，不敢相信眼前这个人就是她一直温文尔雅的丈夫。周围一片寂静，所有的人都不敢出声，直到老太太终于反应过来，委屈地说：“我最爱吃的就是鱼头，这么多年我都是把自己觉得最好吃的东西给你的，我以为你也一定会喜欢……”

事情就是这样。先不说老先生的做法是否过激，或者他自己不懂得事先跟自己的妻子沟通，以至于这么多年让两个人都吃不到自己想吃的那部分，并且落得双方都不愉快。单说老太太自己，她的确也很委屈，但是也怨不得别人，她以自己的喜好为前提去断定自己的丈夫也是这么认为的，这就是“己所欲之，强施于人”的表现。而这种表现在心理学中被称为“投射效应”。

所谓“投射效应”，就是将自己的思想、意愿、态度、情绪或者个性不自觉地投射到外界事物或者其他人身上的一种心理效应。就像那位老太太一样，因为自己喜欢某件事物，就认为别人也一定喜欢。这当然是好心，可是这种好心却起到了坏的影响。这种事例在我们的生活中屡见不鲜，我们习惯了推己及人，这当然没错，可是却忽略了当事人的感受，所以我们经常做一些自己认为必须要做，别人却觉得多余的事情。这当然是不利于人际交往的，很多时候，这种不顾别人的实际需求而想当然的热心行为，换来的只是别人“多管闲事”的埋怨和你自己“好心当成驴肝肺”的委屈。

“投射效应”是一种潜在的心理作用，我们平时很难察觉到它的存在，这也就为我们“想当然”的好心埋下了伏笔。虽然在很多时候我们确实也需要推己及人，但在这个过程中如果我们能做到设身处地，那么效果可能会更好一些。你的服务对象既然是对方，那么当然要从他的角度出发，去了解他的感受和需求，然后给他想要的。在应酬的时候少点自以为是，多点设身处地，你的热心肠才可能发挥效用，让别人欣然接受你的好意。

莱斯托夫效应——让自己变得容易识别

在人群当中，你最容易记住什么样的人？也许你会说：那些外表抢眼、有气质、有气场、穿着个性的……好的，我们来看这些人的共性，所谓的外表抢眼、有气质、有气场、穿着个性，其实都是有特点的。也就是说，其实这些人不一定长得多漂亮，但是他们身上一定有某一种特质能够对你的视觉或者其他感官造成冲击，让你更容易从茫茫人海中发现并记住他们。

比如一些我们喜爱的明星，他们的外表不一定多么完美，但是能让你记住他们的特点，某某笑的时候有个甜美的酒窝，某某的发型很怪异，某某的声音很有特色，某某的衣着很有品位……生活当中也是一样，比如在一次人数众多的聚会上，我们遇见了一大堆的陌生人，可是我们的大脑存储量是有限的，不可能记住那么多。而我们能记住并且印象深刻的，一定是那些形体、相貌、年龄或地位等某些方面与众不同的人。那些扔到人堆里找不到的人，我们势必很难记住。而人们容易记住与众不同的人或物的现象，在交际学中被称为“莱斯托夫效应”。

这一效应因心理学家冯·莱斯托夫的提出而得名。因为人们初次接触某种事物往往都是在不自觉、无目的的情况下，所以不会采取主动的识记方法。而在这个时候，谁能让我们的情绪波动大或者感官刺激强，我们的无意识记忆就会跟着产生较大的波动，那么我们对他的记忆也就更深刻。

同样的道理，如果我们想在社交应酬当中成为别人无意识记忆的首选对象，让别人对自己印象深刻，那么就要学会让“莱斯托夫效应”来帮我们的忙。别人不是记不住我们吗？那好，我们就让自己变得有特色，刺激别人的大脑，让别人印象深刻。

这倒不是说你得把自己打扮得“鹤立鸡群”，或者“语不惊人死不休”，而是要让自己不那么沉闷平淡，在待人接物和交际应酬中体现自己的特色，打造只属于你个人的品牌。它包括你的一颦一笑、一言一行、一举一动，你可以拥有自己的招牌动作、招牌微笑、招牌语言。总之，你的目的是让自己看上去更加优秀和出众，这当然会让你在人群当中异军突起，成为你展示个人魅力的筹码，同时也让你变得更具辨识度，让人更容易记住。

这些当然不是白来的，要得到它就需要在交际的时候付出你的热情和努力：穿着上要大方得体，突出个人优点和特色，言谈上要变得幽默有学识，语调要抑扬顿挫，表情要生动，眼神里要时刻充满自信……然后，对方在你离开后也许就会说：“哦，就是他呀，那个说话很风趣的家伙！”或者“我记得他，他的牙齿很白，笑容很干净！”又或者“是那个戴眼镜的美女吗？看上去很斯文，言谈很有见地！”再或者“眼睛很漂亮，很有神采，好像会说话似的！”这些都足以让别人记住你，而且是好的那个你。你的特点一定是跟你的优秀挂钩的，留给别人的一定也必须是个好印象。这样，我们的目的才算是真正达到了，也不枉莱斯托夫先生给我们如此的指点。

注意力法则——成功获取注意是应酬的开始

如果别人根本不认识你，你要如何去应酬对方呢？所以，应酬是从获取对方注意，让别人看到并愿意认识你开始的。著名管理学家赫伯特·西蒙认为："能够有效捕获他人的注意力，是成功向他人推销自己的必要前提条件。"

想要引起别人的注意？那就要来好好学习一下"注意力法则"了。"注意力法则"告诉我们，他人的注意力被视为一种资源，人们接受信息的时候会消耗自己的注意力。一般来说，好的信息能够吸引人们的注意力，并且使其得利，比如一个精彩的笑话能够让听者捧腹大笑，拥有好心情；而坏信息虽然也能吸引人们的注意力，却会让其受到某种程度的损害，比如某个人失态的言行会引起他人的注意，但是会对其造成心理上的负面影响。由此看来，注意力也是有高低之分的，我们当然要选择那些好的注意力来经营自己的人际关系，才能让自己成为应酬高手。

想要成功运用"注意力法则"，最重要的一条就是得学会在人前露脸，不能害羞。害羞并不能产生价值，你只有敢于表现自己，才能让别人发现你。当然，如果在别人都表现的时候，你选择特立独行的沉默也不失为一种很好的自我表现方式。这个先不谈，我们先说表现，其实大部分人在内心还是比较抗拒跟不熟悉的人接触的，每个人都有心防，都会不自觉地自我保护，这是很正常的心理现象。只不过，既然我们不得不去应酬，那就得有意识地去克服自己小小的心理障碍，大方地将自己的优势展现出来。

比如多出席一些活动，起码你可以混个脸熟，让大家知道有你这样一个人存在。

当然，我们的目的并不只是让别人知道自己的存在，我们还得引起别人注意，把自己成功地推销出去，这才是我们的目标。所以我们可以在应酬的过程当中发表一些与众不同、新颖精彩的见解，树立自己的品牌形象。这一点是我们在前面的“莱斯托夫效应”里提到过的，我们当然可以直接将它拿来为注意力法则服务。

安娜本来是个十分害羞和自卑的女孩儿，她的交往圈子非常小，相对于社交来说，她更喜欢宅在家里。可是上班之后，她的生活习惯完全被打破了，她以大学时候的优异成绩在一家跨国公司找到一份行政的工作，应酬必然是少不了的，而且这些应酬还必须得有效果才行。这让安娜不得不下决心改变。她需要生活，需要工作，也需要和人交往，这是必然的。

所以，原来扔到人堆儿里就立刻被淹没的安娜开始改变，她摘掉自己的黑框眼镜，找到造型师打造了几款适合自己的造型。这让她看上去焕然一新，而她自己也因此变得自信起来。她试着在需要应酬的场合和人们侃侃而谈，而她丰富的学识在这一刻发挥了效用，大家都被她的谈吐吸引了，觉得安娜真是一个有魅力的女孩儿。可想而知，她成功地吸引了别人的注意力，并且把应酬这项工作完成得很好。

不管是为了获取老板、同事，还是客户的注意，我们都应该将这些作为自己分内的事情，因为我们现在的身份是应酬中的一个角色，那么当然应该将自己的角色扮演好。无论我们是出于对人际关系还是对职业生涯的考虑，注意力法则都能助我们一臂之力。它要求我们从心理上自我肯定，然后在行动上有好的表现，从而有力地控制他人的注意力，赢得老板、客户和潜在贵人的关注，为自己的成功创造更多更好的机会。

酒桌法则——谨遵各种规则

要应酬当然离不开酒桌，在中国，很多事情都是在酒桌上谈成的。因为酒桌是非正式场合，可以让谈判的气氛缓和，而即使不谈判也会让人在心理上随着氛围的舒缓而变得放松。大家的心情都处于愉悦之中，事情自然也就好谈了。

不过我们说气氛缓和、心情放松，行为上却不能过于随意，失了礼数。否则，不仅事儿谈不成，还会让别人对你的印象大打折扣，日后交往起来可就难了。虽然酒桌看上去只是个喝酒吃饭的地方，但是各种各样的规矩其实一点也不少。如果想要玩转酒桌，那你就要学会灵活运用酒桌上的各种“潜规则”。

规则一，最基本的礼貌你得懂。长幼有序、上下有别，入座时当然应该让客人、长辈先坐，筷子也得是客人、长辈先动。如果你是客人，那也要懂得起码的礼让，这可不是虚伪，而是基本的礼貌。

规则二，不要扰乱别人的用餐情绪。在吃饭的时候，没事儿别到处乱走，不要发出不雅的声响，比如打嗝、吧唧嘴、拿勺子筷子敲碗碟等，这些都是十分不礼貌的行为，会影响别人的就餐心情。虽然你自己习惯成自然，察觉不到，可是身旁的人没准儿已经对你侧目了，所以还是安分一点为好。

规则三，吃饭要讲究卫生。饭前洗手是理所应当的，同时还得学会用公筷。不要以为你不把自己当外人，别人也就不把你当外人，你嘴里用过的筷子还是不要“好心”地到处给别人夹菜为妙。还有就是那些骨头、鱼刺之类的不要乱丢乱吐，会让人倒胃口的！

规则四，别光顾着自己填饱肚子。饭桌上不是只有你一个人，而且你是要跟别人建立良好关系的，所以不能只顾闷头吃饭，你得让气氛变得活跃一点。虽然“食不言，寝不语”是句有助健康的老话，可是如果什么也不说，让气氛变得干巴巴的，那又如何让关系建立呢？

规则五，明白你吃这顿饭的目的。你是来谈生意的，还是来联络感情的，或者只是为了吃饭而来的？目的不同，当然座次、谈话内容和吃的东西也有所不同。

规则六，喝酒的学问。酒桌自然离不开酒，可是“喝酒误事”也是亘古不变的道理，所以酒在酒桌上是“成也萧何，败也萧何”的一个东西。你要不能喝就一口也别动，否则开了第一口，后面也就堵不上了，而你又不胜酒力，你不误事谁误事？当然，如果你觉得自己是个中好手，明确自己要喝，那就别推三阻四，那样反而让人觉得你不够真诚。

酒桌上的规矩其实非常多，想要彻底弄懂，估计你得去看看酒桌礼仪大全什么的了。我们在这里之所以要提出来，目的是要说明酒桌是交际学中一个非常重要的场合，这个场合看起来随意、活跃，但其实也是规矩最多的地方。如果你想弄懂交际学，成为应酬达人，那么酒桌法则、酒桌文化你就不能不了解。谨遵酒桌上的各种规则还来不及呢，更别说无视和破坏它了。你若坏了规矩，也就坏了关系。孰轻孰重，你自己好好掂量吧！

宴会礼仪——吃饭不是一个简单的事情

虽然宴会跟酒桌都是吃饭，很多内容比较相像，但是作为酒桌饭局升级版的宴会，礼仪法则的要求自然也就更上一层楼了！宴会不仅仅是吃饭的场地大了，桌子和人都多了，而且是真正地升级到了一个社交的场合。它本身已经超越了饭局，而是正式的社交。

这里的吃饭可就不同于酒桌上的吃饭了，这是一个更加开放的场合。能称之为宴会的，当然出席人的身份也就大不相同了，很可能有很多社会名流或者有地位的人出席。它是一个社会应酬的场合，自然跟我们自己在家跟父母、妻子儿女吃饭不一样。你不仅不能随意，而且除了基本的礼仪，还得懂得更多的应酬法则。

即便你是宴会的组织者，你也未必认识宴会上请来的所有人，而这也恰恰是宴会的意义所在——因为大部分人我们不认识，所以我们才需要宴会这种形式来广结善缘。而对于那些我们之前见过或者熟识的人，宴会也是一个联络感情的好机会。对于真正的宴会来说，吃饭只是形式，交际才是内容。作为一个正式的社交场合，宴会礼仪是有自己的特点的，除了酒桌上的那一套要挪用过来之外，很多地方还需要进一步加强。

宴会的主要内容是交际，所以你要明确自己的目的，除了认识更多的人之外，你的任务当然是要跟重要的目标人物有更深层次的交往。所以在这些人面前，你必然不能让自己失了礼数。除了表现自己的优点让对方记住之外，你的举止、言谈、穿着、打扮等统统都要得体。不同的宴会选择不同的装扮，这本身就是一项基本的礼仪。

同时，你还要注意对方的身份、背景、喜好，不要上来就想当然地乱说一通，那样很可能会无意中触犯到对方的底线，让对方对你产生不良的印象，在内心拒绝和你交往。所以，言谈一定要有礼有度，切莫得意忘形，被别人拉进黑名单。

另外，不管是中式的宴会还是西式的宴会，你都要注意你的吃相。因为在宴会上你不是来吃饭的，某种意义上来说，其实你是来表现自己以便让更多人认识自己的，所以宁可饿着肚子也别让狼吞虎咽的画面植入别人的记忆。看过《飘》的话，你就应该对里面的一个情节有印象：斯嘉丽要去参加宴会，她本来是想到宴会上吃点类似于冰激凌之类的好东西。可是她的保姆却不允许，因为在宴会上大吃大喝可不是一个大小姐应该干的事儿。所以她的保姆在她去之前拼命地让她吃东西，为的就是让她保持淑女风范，不让她大快朵颐的画面破坏她的形象。既然有前车之鉴，那么你是不是也应该有样学样？如果怕吃不饱，那你就在宴会之前先垫垫肚子吧。

也许你会说："这样的宴会不是太假了吗？这样的宴会礼仪会不会过于做作了呢？"当然不是，因为相对于吃饭而言，你的社交形象和社交目的更加重要，而且我们已经说了，吃饭只是宴会的形式而已，它的内容是社交。那么你觉得是形式重要还是内容重要呢？如果要的是实际的内容，那你就不要怕麻烦，多多学习一下宴会的礼仪，可是会大大提高你的社交成功率的！

商务应酬法则——缺啥不能缺礼貌

说起商务应酬，对于现在的生意场那已经是相当普遍的了。因为大家都知道，光凭自己产品的硬实力已经满足不了生意成交的要求了。当前各商家的产品之间的差距其实很小，跟谁做生意都是做，又不是奇货可居，那客户当然愿意挑自己喜欢的合作伙伴了。谁能让客户喜欢呢？这就要靠商务应酬等软实力来发挥作用了。说白了，你的东西好还不够，你还得会卖，而这种卖凭借的除了吆喝宣传之外，就是你的人际关系和交际能力。再直接一些，就是你能否把你的客户应酬好！

很显然，我们不得不将商务应酬的法则拿出来晒晒太阳了。商务应酬已经非常普遍，但也正是因为它的普遍，几乎所有人都在这么做，那么你作为应酬的主办方就更加应该突出新意，从对方的喜好出发，找一些别人用得少但又能让人感觉舒适的好点子，让客户耳目一新。当然，这些只是前期工作，如果想要跟对方搞好关系、联络好感情，你当然还得在应酬当中发挥你的个人魅力。

这时，你就需要将之前我们提过的交际学的东西毫不客气地拿来用了。得体的穿着是必需的，因为那已经不仅仅是你的个人形象了，还代表了你的公司。你的形象好、有魅力，自然也会让对方觉得你的公司是这样的，从而对你们公司更加有信心。

除此之外，你还要评估客户的感受，随时随地观察他们的表情和神态的变化，进而搞清楚他们现在在想什么。不要以为这样就会掉了你的身份，这是应酬的关键步骤，也是你应酬水平的一个重要体现。马云说："我请客户吃饭时，要频频敬酒夹菜，还要想办法找些他喜欢的话题，自己吃不好喝不好。唱卡拉OK时，我得投其所好地帮他选歌，唱得好与不好都得说好。还得时不时留意他是不是累了，是不是该陪他去洗桑拿了。"看，连这么成功的马云都必须懂得随机应变，你又凭什么放不下身段呢？

让客户满意——这是最基本的商务应酬之道。而其中最重要的，除了以上几点之外，就是礼貌问题。所谓"礼多人不怪"，千万不要因为你自己的身份地位很高，或者你已经跟对方熟识，就把礼貌抛到一边。一个小小环节的疏忽或不礼貌的行为，即使你自己没有察觉，也会让对方觉得你怠慢了他。你认为你的客户会有兴趣跟怠慢自己的人合作吗？如果你已经得出答案，那你就一定要把礼貌问题装进口袋里随时带在身上，让礼貌贯穿于你的整个商务应酬当中。

话说回来，其实礼貌问题并不是一件多么难的事。其实它应该算是你个人修养的一部分。你在平时就应该将"彬彬有礼"作为自己的习惯，而不是到了用的时候才生硬地搬过来，这样你自己觉得别扭，你的客户看到你如此刻意也不会舒服到哪儿去。所以，礼貌应该成为你的一种习惯，无论有没有商务应酬，它都应该是你个性的一个组成部分。这样不仅有利于你可以随时礼貌待人，而且会成为你人际关系最有力的助推器，在你需要时轻松为你博取商业利益。

需求定律——急人所需是应酬最高境界

应酬虽然是一种礼节性的交往，而且很多时候都带有“例行公事”的性质，但是如果想让我们的应酬是有效的，你还是得知道对方真正需要的是什么。因为任何人做任何事情都是带有一定的需求的。只有尊重对方的需求，并且想办法满足他的需求，对方才会对我们报以尊重并回馈以满足我们的需求。这就是“需求定律”的基本内容。

事实就是这样，每个人都有需求，即使是最基本的应酬，其实也是为了满足对方的某种心理需求。人都有交际的需求，对于这一点应酬当然可以在一定程度上满足。而且在应酬的过程中，我们的言谈举止透露出来的礼貌和尊重，同样也满足了对方被尊重的心理需求。当然，这只是应酬所能满足的最基本的需求。如果想让应酬的水平达到最高境界，除了这些基本需求之外，你还要多做功课，了解你所应酬的人的个性需求。

芭芭拉就是这方面的高手，她用自己高超的应酬手段获得了公司上下的一致好评。她的客户是最多也是最忠实的，因为芭芭拉在应酬这些客户时总能挖空心思地去了解他们真正需要的东西。比如芭芭拉了解到客户王总的儿子正值高三，已经进入紧张的复习阶段。高考可是每个中国家长最紧张的事情了。于是芭芭拉就利用下班时间在网上搜集各种高考的复习材料，然后整理成册交给王总，同时还通过朋友找到王总一直想找的那个高考辅导名师。这可把王总激动坏了，立马拍板跟芭芭拉签了一个大单。

“需求定律”就是这样，我们得知道自己应酬的目的是什么，还要了解客户的需求，满足这种需求是实现应酬目标的最有效途径。如果能像芭芭拉那样做到急人所需，那么应酬的目标会更快完成。

我们应该明白，需求不一定是物质形式的，比如送礼，送得好不如送得巧。礼物再好再贵重，不如送得可心，这样才能挠到痒处。一个善于满足别人的心理需求的人，有的时候甚至不花一分钱就能将事情办成。

彼得就是这样。彼得是一个建材公司的推销员，在跑了很多地方却没卖出东西之后，他来到一个富翁的门口。因为他听附近的居民说，这个富翁正在装修。但是这个富翁脾气非常古怪，而且为人十分吝啬，也就是说彼得这趟很可能无功而返，而且会碰一鼻子灰。不过，他仍然决定试一试。这个富翁的名字很长，叫尼古得·玛斯帕·帕都拉斯，别人为了省事儿都只叫他“尼克”。在敲门之前，彼得特意重复了几遍富翁的名字。当富翁面色难看地打开门之后，彼得热情地对他说：“早安，亲爱的尼古得·玛斯帕·帕都拉斯先生！”

只这一句，就让这位富翁非常惊讶，已经好多年没有人喊过他的全名了，他以为大家都忘了他叫什么，可是今天这位年轻人居然轻易地叫了出来，所以这位一向吝啬的富翁毫不吝啬地买了他 2000 美金的装修材料。虽然彼得没有给富翁任何物质上的东西，却满足了他内心深处最渴望的心理需求，因此彼得自己也得到了丰厚的回报。

“需求定律”就是这样，你要给别人他们所需要的东西，物质的或者心理的都可以，只要是他们最想要的就可以。急人所需，别人才能给予你所需，这可是应酬的至高境界，好好学习一下吧！

拒绝定律——拒绝也是一种艺术

“你能帮我个忙吗？”当别人这样问我们时，我们通常会不假思索地说：“好啊，什么事儿？”我们太容易答应别人去做什么了，而忘了事先问自己是不是真的能够帮助对方。如果真是举手之劳，帮了也就帮了，大家都高兴；要是万一超出自己的能力范围，那硬扛肯定是不行的，最后不仅事儿办不成，还落得对方埋怨，显然是得不偿失。

爱莎刚刚进入一家公司工作，她初来乍到，自然希望可以先把人际关系处好，所以她总是尽量满足同事们的要求。可是人们往往都有“欺生”的心理，对于爱莎这个新来的同事自然不会放过。很多人很不自觉地把事情丢给爱莎去做，但是爱莎却不懂得拒绝，每次都说：“没问题！”可是真的没问题吗？当然不是，瞧瞧，现在爱莎就把同事“拜托”的事情给搞砸了。爱莎不仅费力不讨好，还被同事数落一顿：“不会弄就早说啊，你知道你耽误了我多少时间吗！”

你在生活中是不是也常常碰到这样的画面呢？如果你正好是那个爱莎，你是不是也很无地自容呢？所以，即便我们从小受的教育是学习雷锋发扬爱心，但是也得考虑到自己的实际能力，如果是自己办不到的事，一定不要大包大揽。帮助别人是你的美德，但不是你的义务，你有权为自己的行为做主，而且也得对自己的行为负责。但懂得拒绝还得拒绝有道，这可是应酬中一门很深的学问，当然需要好好学习一下啦！

“拒绝定律”告诉我们的是，尽如人意的事情是不存在的，况且你并不是万能的，不可能做到让每个人都满意。我们应该做自己能做并且觉得有必要做的事，而对于那些额外的或者能力范围之外的事要懂得摒弃和拒绝。美国幽默作家比林说："说'不'是一种艺术，更是一种权力。人在一生中所遇到的麻烦，有一半是由于太快说'是'，太慢说'不'造成的。"比林的意思当然是要我们学会拒绝，所以"拒绝定律"又被称为"比林定律"。

当然，说"不"并不是一件容易的事情，因为对方既然提出要求，就说明他至少认为这件事情你可以做到。如果断然拒绝或者答应之后办不到的话，那么你必定会引起对方心里的不快。所以，如何拒绝得不伤彼此感情，同时自己还能心安理得，是"拒绝定律"中非常关键的一部分。

首先，拒绝别人你得先过自己这一关。你得让自己适应拒绝这件事，所以你需要给自己一些下决心拒绝的积极心理暗示。你得明白，答应别人的请求并不是你分内必须要做的事情，你的拒绝是合理的。这其实也是在应酬当中的一种自我维权。

然后，就是你在拒绝时要懂得掌握的技巧了。当别人提出要求时，你不应该不假思索地答应，而是应该留给自己一些时间，看自己到底有没有这个能力去做。如果有那就答应，如果没有，那你就要委婉地拒绝。你可以找一些事情作为借口，也可以直接表明自己确实没有这个能力去帮他，不过你倒是可以给他一些合适的建议。总之，你不要上来就直接拒绝，让别人下不了台。

应酬是一件很有意思的事，有时候你需要满足别人的要求，而有的时候却要拒绝别人的要求。当然，这两者其实并不存在矛盾，因为它们都是在必要的条件下必须做的，都是应酬的一部分。满足需求和拒绝要求都是你的必修课，完成得如何都代表着你的交际能力哦！

坐向效应——坐对位置好说话

不要以为座位是件小事情，你在应酬的时候坐在哪里，什么朝向，可是会直接影响到你和与你交流的人的感情呢！因为不同的坐向会产生不同的心理暗示，在不同的暗示下，说出来的话和表达出来的感情当然也是不一样的。这就是“坐向效应”带来的结果。这一效应是从一个电视节目中发现的。

美国一家电视台曾经做过一个评论性的电视节目。制作人当然希望这档节目能够吸引观众的注意。所以为了突出节目形式的新颖，他们找来的评论人并不是事先安排好的，而是临时随机选取的。

这对于一切按部就班的电视制作行业来说显然是非常刺激的，因为是随机选择，所以一切充满了未知数，这可以说是一件非常刺激的事情。制作人本以为这种随机性、临时性造成的节目走势的不可预测性能够吸引很多观众，但是事与愿违，这档本来应该非常刺激的电视节目却显得动力不足，极不理想的收视率也证明了这一点。

分析了原因之后，制作人认为节目之所以没有达到预期的精彩效果，是因为节目的辩论缺乏高潮。症结已经找出，可是要如何解决这一问题呢？怎样才能让辩论变得激烈和充满高潮呢？尤其是这种没有经过预先安排的评论能否发展到高潮，似乎是无法控制的。针对这个问题，制作人请教了许多专家，专家们也提出了一些改良意见，不过效果都不甚理想。

后来，他们找到了一位心理学家，心理学家在了解到辩论者们都是横排而坐的时候，很快就提出了“改变座位的配置方式”的建议，也就是说让原来并排而坐的论辩者们两两相对而坐。

这似乎听起来很玄，不过制作人抱着“死马当活马医”的态度，还是做了尝试。令人意想不到的结果出现了，后续节目中的讨论几乎每次都会有辩论高潮，而且其热烈程度超乎想象。没多久，这档节目的收视率就连创新高。

仅仅只是改动了一下座位的位置而已，为什么会有如此大的差别呢？心理学家给出了解释：这样的对坐会让双方毫无遮拦地直视对方，即使大家都没有刻意注视对方，但是因为位置摆在那里，就会让视线不自觉地加强。这种视觉上的感受让人产生压迫感，激发对立心理，造成关系紧张，使得周围的气氛也跟着紧张起来。而并排而坐的人因为避免了这种直视，自然也就没有了这种氛围。于是，很自然的，辩论比以前更加激烈，节目也就更好看了。

当然，应酬肯定不是为了让彼此针锋相对，我们花那么多时间和心思去应酬，是为了更好地和对方交往。所以，我们在坐向这个问题上绝对不能马虎。如果不想树敌，那你就不要选择直接面对面的座位来进行交谈。就算是要对面而坐，你也最好让身体和视线稍微倾斜一点。这样会让对方自在很多，话也会好说很多。

既然坐向如此重要，那么在与人交往应酬时，我们当然要选择能促进人际关系的坐向，避免那些使彼此关系恶化的坐向。除了前面所说，在不得已对面时选择侧一点的坐向之外，还可以选择横向并肩或者倾斜交叉而坐。总之，什么样的坐向能让彼此舒适，那选择它就没有错。

换位思考定律——多为别人想想你就平衡了

几乎每个人都是“自恋”的，我们觉得自己的想法都应该是对的。而如果别人跟自己的想法不一样，我们就会觉得很奇怪：“天啊！他居然会有这种想法，太荒谬了！”真的是别人“荒谬”吗？哦，不不不！在别人眼里其实你也同样荒谬！

是的，每个人都觉得自己是对的，于是争端也就开始了，随之而来的是激烈的辩论。我们极力想说服对方，让他改变初衷，但结果双方都是徒劳。说急眼了，甚至双方还会大打出手，即便素质都很高，也难逃不欢而散的下场。这可不是应酬时该有的态度和方法。

为什么我们不能站在对方的立场去想想呢？让自己变成对方，你又该怎么做呢？看看下面这位国王是怎么做的吧。

所罗门王是一位有名的明君，但是这位明君在处理问题时却常常像根墙头草。就像现在，眼前这对老夫妻已经闹得不可开交，但是所罗门王却依然那么淡定地不给任何人“公道”！

事情是这样的，老翁跟自己的妻子过不下去了，他说出了N个过不下去的离婚理由。而所罗门王呢？边听边点头称是：“是的，你是对的，你有足够的理由离婚。”老妇人一听可不干了，她开始委屈地哭诉，同时阐明自己不同意离婚的N+1个理由。所罗门王又同情地看着老妇人，点头说：“是的，你是对的，你也有足够的理由不离婚。”

这下所罗门王身边的大臣看不下去了，哪有这样断案的啊，这不是在和稀泥吗？于是大臣义正词严地指正国王："陛下，您这样断案是不对的，您得分清楚谁对谁错，给他们一个公正的裁决。"

所罗门王听后继续点头："不但他们是对的，你也是对的，这样断案确实不应该，尤其是作为一个国王。但是，如果都能站在他人的角度来思考问题，你们也会认为对方是对的，进而理解对方，所谓的问题也就不存在了。"

听完所罗门王的话，这对老夫妻顿时冷静了下来，他们开始分析对方的指责和抱怨，并且站在对方的立场来想自己的婚姻究竟出了什么问题。结果是，他们决定不离婚了，因为对方的确没有错。而那位大臣也开始佩服所罗门王的断案能力，一桩佳话又开始流传了！

看完这则故事，我们有什么启发呢？当然应该是换位思考，这是解决问题的关键。人与人的交往理应这样。你站在别人的立场替别人着想了，那你就是体贴的，别人才会喜欢你。美国汽车大王福特曾经说过这样一句话："成功是没有秘诀的，如果非要说有的话，那就是时刻站在对方的立场上。"

而且，替别人着想，实际上你自己并不吃亏。在换位思考后，你让别人得到了他们希望得到的利益，而这种利益其实是相互关联的。你替别人考虑了，别人自然也会投桃报李地替你考虑，利益自然也就开始在你们之间流通了，这就是"换位思考定律"。你若想别人了解、体贴、赞同你，那你就应该先将自己的门打开，去把对方想要的东西给他们，这样循环才有可能形成。

所以，在应酬的时候，如果想让对方支持你的看法，并对你保持一个好印象，那么就请你心胸宽广一点，站在对方的立场去体会他的感受。你会发现你们的交流越来越顺畅，而你们也可以成为能感同身受的知己，这是多么美妙的一件事啊！

毛毛虫效应——盲从只会走向绝路

学了“换位思考定律”，你是不是觉得在应酬时只要同意对方的观点，然后照着对方的意思去做，就会讨得对方的欢心，进而成为一个应酬高手呢？错！这样做的你跟一个应声虫又有什么差异呢？换位思考的目的是让你理解对方，多从对方的立场出发为他考虑，而不是毫无原则地盲从。一味盲从或许会让对方一时很高兴，但从长远来看对双方都是没有好处的。因为你让对方沾沾自喜，开始盲目自大，而你自己也越来越懒得思考，只会唯唯诺诺，失去自己的判断力和主动权，就像那些习惯跟随的毛毛虫。

法国昆虫学家法布尔显然是一个童心未泯的人。正因为他的童心未泯，让他发现了一个奇特的现象。一天，他心血来潮在一个花盆的边缘摆放了一些毛毛虫，并且把这些毛毛虫首尾相接，围成一圈。与此同时，还在离花盆几英寸以外的地方放了一些毛毛虫最爱吃的松针，看看它们是不是会去吃那些唾手可得的美食。

但出乎意料的事情发生了，这些毛毛虫在美食当道的地方居然被活活饿死了。这是为什么呢？原来毛毛虫天生就有一种跟随者的习性，因为它们被首尾相接围了一圈，所以已经没有首领和头尾可言，于是它们都跟着各自前面那只毛毛虫盲目地向前爬行，就这样绕着花盆一圈一圈又一圈。这样过去了一小时、一天、两天……直到七天七夜，它们终于在不远的美食面前饿死了。

这就是盲目跟随的下场，而这个实验得出的结论就是我们在人际交往中应该学会的“毛毛虫效应”。也许我们都有从众、跟随和遵循经验等心理本能。因为跟随别人，我们就不用负主要责任，就不用独自面对不好的结果，不用费脑筋思考，只要做应声虫就可以“有肉吃”。可是结果又常常没有我们想象的那么好，甚至是完全相反的，就像那些被饿死的毛毛虫。我们很可能像它们一样盲目地走进死胡同，再也出不来。于是，心理学家们根据人的这种心理，将这种习惯于跟着前面的路线走的人称为“跟随者”，把跟随带来失败的现象称为“毛毛虫效应”。

“毛毛虫效应”也许的确让我们在人际关系或者做事的过程中少了很多麻烦，可是这种害怕惹麻烦而盲目跟从的方法带给我们的好处是那样的短暂和有限，我们不仅没得到自己想要的，反而失去了掌控权，将自己带向绝路。这种情况我们又怎么能够允许它发生呢?

所以，即使为了表示友好，我们会同意对方的观点，体谅对方的感受，但也要对事情有自己的判断，并且适时给出柔和而合理的建议。其实对方并不会因为你的意见与他相左就一定认为你是在跟他唱反调，只要你是从你们的共同利益出发的，而且交流的方式是顾及对方感受的，那么一个明智的人当然是更喜欢这样的朋友的。因为你不仅站在他这边支持他，而且还用非常好的建议让他得到更多的好处，他怎么会拒绝这样的朋友呢？这可是对你们双方都有利的，而这样互惠互利的关系才会更加长远，不是吗?

示弱效应——懂得示弱才招人喜欢

强势的人给你的感觉是怎样的？果断、干练，或者霸道、蛮横？这样的人固然很有气势和威严，但有时也表现得过于刚硬。太硬的东西总是容易折断的，而且除了让人惧怕和忌惮之外，似乎很难让人喜欢。反而是那些懂得回旋和示弱的人，解决起问题来更容易，也更容易得到别人的青睐。不信？看看这个女老师是怎么做的吧！

凯西是一个非常有责任感的老师，她希望自己所教的学生个个都能成才，这样才让她觉得没有误人子弟。所以她对自己的学生要求非常严格，甚至到了苛刻的程度。她总是板着一张脸，因为她觉得那样他们才会怕她，才会听她的话。即使自己有时候做错了，她也极力地维护自己作为老师的尊严。这让她的学生觉得她很难接近，表面上虽然怕她，但是背地里对她的要求总是阳奉阴违，结果她的学生的成绩是全年级最差的。这让凯西十分头疼，也十分着急，到底应该怎样做她的学生才会听话呢？为此，苦恼的她去向校长求助。

态度温和的校长笑着对她说："凯西老师，难道你不觉得自己太过强势了吗？其实你笑起来是很好看的，请你相信我，你的学生更喜欢你笑，他们会为此而听你的话的。"

这让凯西很不理解，她如此严厉，学生们尚且不把她放在眼里，如果她对他们示好甚至示弱，那他们岂不是闹翻了天？但是，不管怎么样，这是校长给的建议，而且她自己已经束手无策了，于是只好死马当活马医，决定试试看。

于是，第二天，凯西老师换了一件颜色亮一点的衣服去学校，一路上她都在告诉自己要微笑。正当她要走进教室时，一个足球飞到了她身上。她转身一看，是自己的学生，刚要发作，又想起今天的目的，于是立刻拍拍身上的土笑笑说："没关系，小意思，去玩儿吧！"那个原本已经吓得呆若木鸡的学生简直不敢相信眼前发生的一切——他的魔鬼老师居然会笑？

接下来，班上所有的学生都亲自体验了这件事，他们的老师的确在对他们笑，而且为自己批错的试卷道歉，并且保证不会再犯这么愚蠢的错误。这简直太不可思议了，学生们对此相当惊喜。事情的结果可想而知，她的学生们喜欢上了她，而且成绩越来越好。

这就是"示弱效应"带来的结果，因为几乎所有的人都有一种迫切的愿望，那就是希望自己的价值得到他人的肯定，自己能受到重视。而向人示弱正是一种让对方感受他自身价值的绝佳方式，能够给其带来极大的心理优越感和满足感。

强势的凯西老师因为学会了示弱而受到了学生的青睐。所以在人际交往中我们不妨也试一试这种心理策略。你会发现这是一种大智若愚的智慧，能够给你的人际交往带来积极的效果。如果在应酬中不小心跟别人发生了矛盾，你要怎么去化解别人的敌意，并且让事情圆满解决呢？示弱就是一种有效的解决方式，先承认自己也许弄错了，然后等对方平静下来之后再用委婉的语气好好地分析。你会发现对方居然能听进去你的话了，而且如果是他错了，他也能及时发现。如此一来，争端解决了，错误也避免了，你也招人喜欢了，自然是皆大欢喜的结果。

第六章 交际潜规则：有些事情不用说

交际也有潜规则？当然啦！有些事情可能大家都不会明说，可是这并不代表你不需要知道。而且越是隐藏起来，不常被拿到台面上来说的东西我们越应该知道，并且要牢牢记住。这些“潜规则”能够让我们更加深入地了解交际当中人与人之间的微妙关系，并让我们懂得如何更加小心和谨慎地去处理这种微妙关系。不要以为不可说的规则就不重要或者不光彩，其实你只有真正掌握了这些，并且加以合理运用，才能算是掌握了交际的精髓，而且你也会从中获利无穷。

平衡理论——唯有平衡才能稳定

“心理平衡”这个词是我们经常在嘴边提到的，如果谁让我们的心理平衡了，我们就会感到高兴，就会喜欢他；相反，要是哪个不开眼的让我们心理不平衡了，我们就会不高兴，就会从心里讨厌他。想想看，喜欢和讨厌分别会带来什么样的人际结果？当然是让我们失去平衡的那一方被我们毫不留情地踢出局，这也就意味着人际关系的结束。

当然，还有另外一种状况，那就是即使这个人让我们心理不平衡了，可是我们又不想为此结束彼此的关系，那么我们会怎么做呢？最好的办法自然是想想对方对自己的好，对方有什么样的优点，你们有怎样的共同爱好，他做了什么曾让你感动得一塌糊涂……想到这些，你的心里感到舒服多了，因为你又找回了平衡！道理就是这么简单，人与人的交往就是在寻求一种平衡的关系和状态。

社会心理学家海德是这一理论的开创者。他对人们如何处理自己的人际关系做了专门的研究，并以“P-O-X”的公式证明了“平衡理论”的存在，所以这一理论又被称为“P-O-X 理论”。那么，这几个字母分别代表什么，它们又是如何让人际关系达到平衡的呢？

海德告诉我们，P 代表我们自己，O 代表我们交往的人，X 代表第三个人或者某一件事（比如咖啡）。O 喜欢 P，也喜欢 X，当 O 发现 X 是他们两者之间的共同爱好时，那么两者就会很高兴，而且会使谈话和人际的氛围变得很融洽。但是如果 O 发现 P 很讨厌 X 时，那么心情就难免跌入谷底，至少会感到失落。为了弥补这种失落，重新找回平衡，O便会重新寻找另外一个X来取代原来的X，直到这个X是两者都喜欢并且感兴趣的，平衡感才会重新回来，气氛才会再次变得融洽。

不知道这样分析大家是否看得懂，如果不懂，那么请忽略，直接看开始的表述就好了。但是这个道理我们必须明白：人和人之间不可能是完全相同的，我们不能因为别人跟我们不一样或者做了某件令我们不愉快的事就对其完全否定，甚至跟对方撇清关系，这种行为当然是很幼稚的。就好像两个玩伴为了维护自己的偶像而相互攻击，互相贬低对方欣赏的人，甚至闹到要绝交的地步，这当然是小孩子行为。成熟一点的人都知道，即使此刻大家争得面红耳赤，但是过后彼此又都会弥补对方的心理落差，毕竟大家喜欢的相同的东西还是很多的。既然互看偶像不顺眼，那么以后不提他们便是了，两人照样可以做回形影不离的好朋友。这就是“平衡理论”的最常规运用。

我们应该明白，我们不可能找到完全志同道合的人，但是我们不能因为别人跟我们不一样就放弃人际交往，因为这种社会需求是我们根本无法放弃和摆脱的。既然摆脱不了，那就积极主动地去寻求自我的心理平衡吧。只要抱着“求同存异”的包容心态去跟人交往，相信很快你就能知己遍天下的。“求同存异”这一交往准则连复杂多变的国际关系都能搞定，区区人际关系又岂在话下。你只要记住，在自己感到不平衡时，就去寻求另外一种平衡，那就完全没问题啦！

蝴蝶效应——别让细节打败你

一只蝴蝶能拥有怎样的超能力？除了挥舞着美丽的翅膀在空中翩翩飞舞之外，恐怕再制造不出什么惊艳的效果了吧？也许是的。不过，请等一下，蝴蝶的翅膀？也许它能制造更大的“惊喜”也说不定呢，比如刮起一场龙卷风！

这可不是开玩笑。据说美国德克萨斯州的一场龙卷风就是由于蝴蝶扇动它们美丽的翅膀引起的。道理也不难解释，因为一只蝴蝶在扇动自己的翅膀时会带动周围的空气，引起气流的变化。也许你会说：“这种微弱的气流变化能够形成什么大气候？它甚至连我们脸上的汗珠都扇不掉，怎么可能制造一场龙卷风呢？”请先别那么自信，蝴蝶的力量的确有限，但是如果在扇动翅膀的过程当中引起了轻微的气流变化，微弱的气流变化引起周围空气或者其他生态系统的改变，带动的变化就会越来越多，也越来越大。当其导致其他系统发生极大变化时，就会形成一种强大的不可逆转的力量，于是人人畏惧的龙卷风就此形成了。

这看上去不可思议，但这确实是有理论依据可循的，这就是“蝴蝶效应”。它告诉我们，任何一个小细节的偏差都可能最终导致一场灾祸，而任何一个正面的微小因素，经过长时间的引导与积累，也同样能产生轰动的效应。就像一句流言可以导致整个股市的崩盘一样，这就是“蝴蝶效应”的巨大威力。

别以为这跟你的人际交往没有任何关系。一句不当的语言、一个不雅的动作、一副不良的妆容，都可能使你辛苦经营的伟岸形象轰然倒塌，而再要重新建立恐怕就难上加难了。如果你是一个娱乐爱好者，你就应该很清楚那些明星的“悲惨遭遇”：军旗装事件、踢人事件、粗口事件、艳照事件让多少形象完美的大明星吃了哑巴亏！

事件小并不代表影响力就小。每个人身上都有一只蝴蝶，它随时都会扇动翅膀，而作为它的主人，你得有能力左右它的行动。你要给它正面积极的暗示，这样它才会为你制造出正面的舆论和影响力。也就是说，你不能让自己在细节上出现差错，因为细节当中有魔鬼，它随时都可能毁了你苦心经营的人际关系。想要获得周围人的肯定，那就请你只做那些积极正面的好事。即使是在别人看不到的地方，你依然要保持优良的行为和品质。中国有句古话叫“君子慎独”，就是说即使是在只有你一个人的情况下，依然要保持君子的美好形象与风范，而且应该更加小心，防止一切可能对自己产生负面影响的小事的发生。

没错，这看上去的确很累，也许你要说：“为了讨好别人，我有必要这么辛苦吗？”请注意，如果你是抱着这种初衷的话，那么你必然是辛苦的，而且趁早放弃为妙。你要明白，你所做的一切不是为了讨好任何人，而是为了让自己变得更加高尚和完善，是为了提高自己而非取悦别人。让别人看着舒服、听着高兴、觉着愉快只是你完善自我的副产品，其实真正受益的人还是你自己。到时候你的修养也好了，人缘也有了，影响力也高了，你的前期付出统统有了回报，你还有什么好抱怨的？感谢“蝴蝶效应”还来不及呢！

沸腾效应——适时再加一把火

“打铁要趁热”，这个道理不说你也应该知道，尤其是当你已经把火烧得差不多的时候，一定不要以为对方没反应就打算放弃。因为没反应往往只是表面现象，在你的一番努力之后，其实对方心里也许已经开始动摇了。你可千万不能在量变转向质变的关键时刻让自己的热情减量，否则前功尽弃、功亏一篑这样的成语可就要用到你的身上了。

其实这就像我们平常烧水一样。水再热，即使已经到了 99 度，但是它依然不是开水，没有沸腾，也不会生成大量水蒸气，这个时候如果停止加热，它依然还是生水。可是如果你能再用一点点力，再加一点火候，那么水就会达到 100 度，就会沸腾起来，就会产生大量水蒸气，进而产生巨大的动力。

人际交往也是如此，如果人与人的关系就是一壶水，想要升温沸腾，那就得不停地持续加热，量的不断增加必然会带来质的飞跃，这一点是可以肯定的。所以，人际关系中把这种现象称为“沸腾效应”。懂得利用它的人，知道如何适时地再加一把火，让那 1 度的最后努力带来质的飞跃。

安妮和菲比一同进入公司，而且无论从工作能力还是整体素质上来讲，两人均旗鼓相当。可是安妮却比菲比升职快，原因是安妮为人亲和，而菲比却是个冷美人。大家都喜欢安妮，而且从团队的角度考虑，安妮也的确比菲比更适合更高的职位。

尽管所有人都对这点心知肚明，但是菲比依然心理不平衡。自己并不差，凭什么这样的好事儿就没自己的份儿呢？于是本来井水不犯河水的两人开始交恶。菲比不断挑起事端，给已成为上司的安妮带来不少麻烦。

于是安妮开始想办法化解彼此的矛盾，笑脸相迎、肯定成绩是不错的方法，不过这可能让菲比觉得对方很假。所以安妮表面上不动声色，没有因为升职而趾高气扬，还是一样对同事态度温和，同时选择在暗地里褒奖菲比。当其他同事对菲比有微词的时候，安妮会跟对方解释；客户不满菲比的态度，安妮也会适时地打圆场，夸赞她的办事能力和严谨态度；跟上司也是多次举荐，肯定她的能力，希望菲比能够尽快升职……安妮所做的一切都传到了菲比的耳朵里，尽管菲比的态度依然没有转变，可是心里好像已经没有那么讨厌安妮了。

促成菲比彻底对安妮改观的，是菲比的一次重大失误。这次失误造成了不小的损失，她觉得自己这次肯定完了，自己对安妮这么差，安妮一定会趁机报复，即使安妮不报复，她也会被炒鱿鱼的。谁知道，安妮不仅没有实施报复，还极力帮助菲比挽回损失，她想尽一切办法将损失降到了最低。并且在上司责问时自己承担了主要责任，菲比的事情压根儿就没提。这让菲比无比感激，而结果也可想而知，她们两个终于冰释前嫌，而且成了一对亲密合作的搭档。

安妮的持续加热，终于让菲比的心沸腾了。安妮也用自己的经历告诉我们，沸腾需要的是一种锲而不舍的精神，人际关系的建立和经营需要的也正是这种精神。当陌生人彼此要产生好感，相互看不顺眼的人要共处一室，一盘散沙的团队要精诚合作时，这就需要搬出“沸腾效应”这条交际学当中的潜规则，潜移默化地让对方改变对我们的看法，让关系变得融洽。关系融洽了，事情也就好办了。

缄默效应——不说不等于没说

“沉默是金”这个词语也许是说得太多了，所以大家好像对它变得不再敏感。或者嘴上是这么说，但实际上并没这么做，很难切实地理解它的真谛。因为我们需要表达，所以滔滔不绝，可结果呢？未必能得到我们所预期的效果。我们往往是太能表现自己了，而轻易让别人知道了我们的深浅，知道了我们究竟有多大本事，也就很容易抓到我们的小辫子。我们把自己完全暴露在他人的目光之下，当然容易被人控制了。

所以，很多时候保持缄默其实是一种自我保护的手段。这也是“缄默效应”的由来，因为一方太过强势，所以另一方只好三缄其口，不再发表意见激化矛盾，但是其实内心并不一定服气，甚至反抗的心理已经形成，反抗的计划也正在酝酿。因为受到压制而产生的缄默，实际上潜藏着巨大的破坏力。所谓“防民之口，甚于防川”，你越是以淫威镇压别人，不让别人开口，越是容易一发不可收拾。当然，对于缄默者而言，他们采取缄默的手段一方面是为了趋利避害，另一方面也是为了隐藏自己，不让对方看到自己真实的实力。很多有地位的人就是这样做的，他们越是不说，别人越是不知道他们在想什么，结果不怒自威的震慑作用也就形成了。

以上种种都是“缄默效应”的内容，简单点说，它包括两个方面，一是采取高压政策迫使别人缄默；另外一个是采取自我保护的方式，选择保持缄默。“缄默效应”给人们展现的是一种态度，表面上保持缄默的人什么都没说，但是他们的内心都有自己的盘算和权衡，他们在听、在看、在观察。而且，不说的表象更容易让人放松警惕，为“暗度陈仓”做好了准备，一旦打破缄默，那么力量必然是难以想象的。

你有没有听过风与太阳的寓言呢？太阳是万物的生长之源，但是风却不以为然。为了证明自己的能量比太阳更大，它跟太阳打了一个赌，看谁能让路上的行人乖乖将自己身上的衣服脱掉。

于是，求胜心切的风张开大嘴使劲去吹行人的衣服，它相信只要风力够大，一下子就能将行人的衣服吹掉。眼看它就要做到了，行人的衣服一下子就被它吹掉了一大半。正当风沾沾自喜的时候，行人因为风大而紧紧地将快要吹掉的衣服裹在身上。显然，风失败了！

轮到太阳的时候，它什么也没做，只是暖暖地照着行人，行人越来越热，一会儿就汗流浃背，于是一边擦汗一边脱掉了身上的衣服。结果，太阳赢了！

这跟我们之前讲过的“南风效应”有异曲同工之妙，强制和强势是不能永远得逞的。你让别人失去了话语权，当然也就等于让自己失去了向心力，还谈什么好的人缘呢？所以，一个懂交际的人得学会利用“缄默效应”。交往的时候得给对方发言的机会，切忌独断专行，而且一旦发现对方开始沉默，那你就该反省自己是不是表现得过于强势而已经让别人在对你表示无声的抗议，并且在心里反对了。当然，如果你遇到的是个强势的家伙，那么为了避免两败俱伤，你也要适时地闭嘴保持缄默，让对方冷静下来。这既是对自己的自我保护，也是缓和气氛、让对方反省的一种姿态，是非常值得去学习的！

瀑布心理效应——谨言慎行，说话靠谱

“说者无意，但听者有心”，你认为没有恶意的玩笑话，很可能会刺伤别人的自尊心，从而为你的前路埋下祸根。我们都看过瀑布，瀑布的水流为什么会那么湍急，飞流直下为什么又那么有震撼力呢？很简单，因为有落差。

人的心理也是会有落差的。尤其是当别人自视甚高、如坐云端的时候，如果你不识时务地将对方从云端打到地下再踩上两脚，想想看那该是多么大的心理落差。这会不会一石激起千层浪且不说，但激起对方心里的敌意和怒火是必定的了。而这种因为不当的言行给别人造成巨大的心理落差，让别人被突如其来的信息弄得心理失衡，进而导致行为和态度的巨大变化，这就是所谓的“瀑布心理效应”。它就像瀑布那样表面平静，但底下已经暗流涌动了！而且，这种心理效应对效应制造者是相当不利的，因为你的无心之言伤害了别人的内心，刺激到对方的痛处，那对方也很可能用非常激烈的方式来报复你。

如果你看过《三国演义》，那么张裕的故事也许你会知道。张裕是怎么死的？被号称仁德的刘备杀死的。仁德享誉汉末的刘备为什么会杀一个并没有多大过错的张裕呢？因为张裕那张臭嘴激起了刘皇叔的瀑布心理。

事情是这样的，张裕本来是刘璋的手下。刘备去找刘璋，刘璋设宴款待。席间张裕也在场，刘备看到张裕满脸的络腮胡子，就讲了个笑话揶揄了张裕一番。张裕就心理不平衡了，他也是个要面子的人，而且在刘璋

那里混得也不错。刘备虽然受到刘璋的礼遇，但是也不能对自己如此无礼吧。于是张裕开始反唇相讥，他同样讲了个笑话，嘲笑胡须眉毛稀少的刘备嘴上没毛，缺少男子汉气概。这下刘备脸上挂不住了，他怎么说也是皇叔啊，这个不开眼的张裕怎么可以如此羞辱自己呢？虽然为了保持风度，刘备表面上并没有发作，但是心里窝的那个火都快炸了。

后来，刘备鸠占鹊巢把刘璋赶跑了，当上了张裕的主子。这下报仇的机会来了，张裕的倒霉日子也来了。所谓“欲加之罪，何患无辞”，他随便找了个理由就把张裕收拾了，而且连尸体都不放过，来了个曝尸街头！

很多人觉得张裕很冤，明明是刘备自己先拿人家开涮的，最后却如此没有胸怀，为了这么点小事儿而杀人，太不应该了，所以这也成了刘备人生中的一个污点。也确实是，不就是说错一句话吗？可是这句话却是生死攸关的。因为一时失言害得自己死无葬身之地，冤枉确实是冤枉，但是谁让他触犯了“瀑布心理效应”的禁区，让本来飘飘然的刘备一下子被摔得结结实实呢？心理落差如此巨大，平静的表面又怎么能够掩饰住对方已经暗流涌动的怒火呢？刘备要让自己的心理再次平衡，自然要找始作俑者去泄愤了！

所以，“瀑布心理效应”其实是相当恐怖的，只不过是一句话的事儿，可能就要了你的命。虽然现在人人平等，别人对你没有生杀予夺的大权，可是因为一句话一不小心得罪了人实在是得不偿失，任谁让别人“瀑布”自己一下，也是受不了的。因此，在交际当中，不管是待人接物还是应酬宴请，都要管好自己的嘴，言行要靠谱，别去开那种毫无意义又刺伤别人的玩笑。这算是对我们自身的一种忠告，当然也是一条交际的潜规则啦，务必小心行事，切莫触犯别人的雷区才是啊！

暗示效应——有些话不见得非得明着说

想让对方无条件地接受你的指令，并且心甘情愿按照你的意图去做，并不是天方夜谭。只要能够掌握一点其中的诀窍，对方就会变得如同绵羊一般顺从。诀窍在哪里呢？那就是“暗示效应”。

“暗示效应”是指在无对抗的条件下，用含蓄、诱导的间接方法对人们的心理和行为产生影响，从而让人们按照一定的方式去行动或接受一定的意见，使其思想、行为与暗示者期望的目标相符合。有孩子的朋友几乎都有过这样的经历，如果你想让孩子听话，一个暗示策略就能够达到自己的目标。比如说，一个手势、一个眼色，或者加大音量等都能让孩子感受到暗示的存在。同样，在成人的世界中“暗示效应”也在起着作用。很多有经验的管理者发现员工的某一缺点或错误，往往会避而不谈，而是选择适当的故事、例子来与员工共同讨论。通过这种委婉暗示的方法，犯错误的员工就会猛然醒悟，从而改正缺点，避免错误的再次发生。

古代人虽然没有涉猎过心理学的专著，也不懂得“暗示效应”这类心理学术语，可是他们却将“暗示效应”运用得惟妙惟肖。《三国演义》曾经描述过这样一个情节：曹操率兵出征，长途跋涉让官兵们又累又渴，天气炎热和水源供应不足成了军队最大的敌人。前面探路的士兵回报，前方找不到任何水井和溪流。这可怎么办呢？曹操灵机一动，大声地说：“探路的士兵说，前方有一片很大的梅林，只不过梅子还没有到成熟的季节……”官兵们听到“梅子”二字时已经流口水了，加上“还没有到成熟的季节”这个前提条件，“很酸”的心理暗示发挥了作用，官兵们的口腔里分泌出大量的唾液，暂时起到了解渴的作用。这就是“望梅止渴”的由来。曹操合理地运用“暗示效应”，让军队暂时缓解了口渴的燃眉之急。看来，我们不但要称曹操为政治家、军事家，还要给他多加一个头衔，那就是“心理学家”。

我们每天都要和很多人发生这样或那样的联系，那么为人处世中该如何运用“暗示效应”呢？比如你发现同事在做报告时出现了一个严重的错误，但是明说这个错误又是非常伤对方面子的事，那么你就得学会暗示了，你可以以自己有事为由，请他帮忙再仔细核对一遍，让他自己发现错误。再比如，夏天你看到一个不太熟的女士裙子没有穿好，一角被塞进底裤，没有弄整齐，你直接指出来当然会让她无地自容，你可以告诉她“你的肩膀上有个东西”之类的，她转头顺着自己的肩膀方向看下去自然就会发现问题所在。

做一个直来直往的直肠子没有什么不好，只不过有时候真的会让别人下不来台。所以，不妨让自己的表述委婉一点，给对方一点点暗示，既保住了他的面子，也得到了他的感激。

巴甫洛夫说过，暗示是人类最简化、最典型的条件反射。正如他所说，暗示就是人或环境以非常自然的方式向个体发出信息，个体无意中接收了这种信息，从而做出相应反应的一种心理现象。如果在人际交往中合理运用“暗示效应”，对方就会“乖乖”地按照你说的去做，从而让目的顺利达成。

面子定律——给别人面子就是给自己面子

面子对一个人有多重要？所谓“人活一张脸，树活一张皮”，树没了皮基本活不了，你说面子对人有多重要？虽然我们天天把“放下面子”之类冠冕堂皇的话放在嘴边，但是真到了遇上某种事儿时，别人要一点面子也不给你留，你的心里有多不是滋味恐怕自己最清楚。之前讲“瀑布效应”时我们也说过，不留面子的指责或者嘲弄会给别人的心理造成巨大的落差，所引起的后果是很严重的，所以关于面子的问题自然马虎不得。

面子对一个人之所以如此重要，是因为面子从某种意义上来说关系到一个人的尊严，失了面子就几乎等同于失了尊严。大部分人之所以这么努力、这么拼命地积极生活，其实很多时候就是为了那一份荣誉感，为了获得大部分人的肯定、褒奖和尊重。而面子作为表象的承载者，一旦被撕破，那必然会让对方受到很大的打击。

人们常说中国人最爱讲面子，其实，不光中国人讲面子，外国人也一样。英国伦敦经济政治学院前董事狄伦多说：“一个团体或机构中所发生的激烈冲突，往往是因为面子问题引起的。”所以在外国，“面子定律”也被称为“狄伦多定律”。

我们经常说，要给别人留面子，这是对别人的尊重。当然，这种尊重不可能是单方面的，人际交往本来就是一个互通有无的过程。如果你给别人留了面子，让别人脸上有光，那别人也会投桃报李地回报你，你对他的尊重也就换来了他对你的好感以及尊重。

以前有一位大善人，他是个很要面子的人，为了博得一个美名，他几乎每个月都会开设粥棚，布施乡里，并且拿出大量的钱财来为当地百姓修建公共设施。大善人以为这样做大家就会尊重他，给他面子，对他感恩戴德，但事实却完全在他意料之外。尽管他“善”名在外，但是乡民们却并不对他心存感激，见了面甚至连正眼都不看他一眼。

这让善人很郁闷，起初他以为这是大家对他的财富和名声的嫉妒，并且越发不把这些不懂得知恩图报的乡民放在眼里。直到有一天，他亲自将过冬的棉衣发放给那些无家可归的人时，竟然没有一个人抬头看他一眼对他说声谢谢。他明明看到过这些乡民曾对布施的管家礼遇有加、热情道谢的。难道他连自己的管家都不如吗？这让善人非常懊恼，他回来问他的管家，大家为什么这样对待他。

正直的管家说：“那是因为我把他们当成跟我一样的人，我们互相热情问候，关心彼此的生活，我给他们面子，他们自然也就给我面子。而您却高高在上，让他们觉得自己一文不值。他们的确受了您的恩惠，但是那并不代表他们就愿意为此看您的脸色。如果想让他们真心道谢，那么您就试着学会给对方面子吧！”

善人听后虽然不置可否，但是他却决定试试看。他开始在上街的时候跟迎面而来的乡民微笑，并且试着跟他们打招呼。而这些乡民突如其来的热情转变也让他大为吃惊，他已经好几个月没有给他们任何“恩惠”了，可是他们却像见到亲人一样热情，他的美名开始被他们接受和传播，几乎所有的人都认为这位造福乡里的大善人就是上天给他们的福星，他们在过节的时候会将家里最好的东西送到善人府上……

面子一定不是别人给的，而是靠自己给的。你先给别人面子，别人才会还给你。相同的道理，如果别人先给了你面子，你可不要忘了还，否则这次有，下次可就不一定了。

地位效应——人类都是阿谀动物

其实我们是迷信地位的。是的，也许你认为自己刚正不阿、威武不屈、富贵不淫。但是这并不能证明你不迷信地位。你不信？一个菜市场卖菜的小贩和一个营养专家说的话你会更相信哪一个？即使他们表达的内容是一样的，都说这个菜很有营养，对身体很好，你还是会更相信营养专家的话。因为你觉得卖菜的小贩没文化，这么说也许只是为了把菜卖出去，但是营养专家就权威多了，人家肯定是经过一系列的学术研究才得出这么高深的结论的。

所以，你看，身份地位其实是一件非常重要的东西。即使我们成天在摇旗呐喊人人平等，但是地位和身份的不同还是让我们以双重的标准去做出判断，这就是“地位效应”带来的结果。所谓“地位效应”，指的是人们对处于不同地位的人提出的意见、办法产生不同反应的社会心理现象。一般而言，地位高的人所提出的意见和办法，往往会被大多数人认同、赞成，并积极执行；而地位较低的人所提出的意见和办法，即便是正确的，甚至和地位高的人提出的一模一样，也很少被人认同和赞成，更不用说被立即执行了。

美国心理学家托瑞曾经做过一个实验来证明这一原理。他组织了一些机场的空勤人员来讨论一个问题的解决方法，其中包括驾驶员、领航员和机枪手。在讨论的过程中，每个参与讨论的人都必须先提出自己的解决方案，然后大家举手表决，最后再将全组同意的办法统计并记录。

结果发现，绝大多数的参与者都同意领航员的办法，但是对机枪手提出的办法却没什么反应。统计的结果是，当领航员有了正确的方法时，能拥有 100% 的同意率；而当机枪手的方法正确且不亚于领航员时，却只有 40% 的同意率。这跟我们一开始说的卖菜小贩和营养专家的例子有异曲同工之处。

“地位效应”就是这样，人们更加愿意相信地位高、有权威的人说的话。为什么人们会有这样的心理？因为大家会觉得地位越高的人经验和经历也就越丰富，而且地位高象征着成功。既然象征成功，就说明他的方法也更容易成功，成功的方法谁会不相信呢？

另外，地位高的人往往比地位低的人拥有更多的资源，这些资源包括信息、人脉等。这些资源经过这位权威的分析和过滤，自然会被人们认为是最精华的部分，所以他说的话当然被认为是最有价值的。

还有最重要的一点，那就是这些地位高的人所拥有的名望、权力和财富会对人产生一种震慑力，这让人们不自觉地产生一种遵从感。因为他们的地位较高，地位相对较低的人就会有一种阿谀的心理，觉得自己就应该同意对方的话，对方说的都是真理，而且只要自己附和、赞美，就会让对方高兴，对方就会对自己另眼相看。

种种复杂的心理组合在一起，让我们原本以为的高傲的心在地位面前变得容易屈从。尽管我们不愿意承认，但是我们却那么做了。不过我们也不用太过自责，利用好这条交际的潜规则，学会“看人下菜碟”其实也没什么不好。但是，对于地位没那么高的人的意见也要有理智的判断力，别因为人家的地位不高而忽略了好点子，同时还伤了人家的自尊，打击了对方的积极性，那可就不好啦！

出丑效应——“仰巴脚”的妙用

“我这么的优秀，为什么他们不愿意和我交往？”“虽然能力在提升，我的朋友却越来越少。”这种抱怨声时常会在我们耳边响起，难道优秀和人际关系不是成正比增长的吗？揭开这道谜题之前，我们先来看一个有趣的发现。

某家电视台做过一档访谈节目，主持人分别访问四个人。

第一个人是位年轻有为的房地产老总，他外表俊朗，谈吐不凡。在整个采访过程中，他幽默诙谐，妙语连珠，表现得近乎完美。

第二个被访谈者的条件同样优越，只不过访谈过程中发生了一段小小的插曲，那就是由于紧张，访谈者不小心将话筒掉在地上。

第三个人相貌平平，能力平平，整场访谈既没有什么差错，也没有什么出彩的地方。

第四个人一样很普通，只不过由于紧张，他也将话筒掉在了地上。

这档节目播出以后，引起了很大的反响。观众们纷纷表示第二个被访谈者“十分可爱，十分优秀”。观众为何不喜欢近乎完美的第一个人呢？

从这个结果上可以反映出一个现象，那就是“出丑效应”。“出丑效应”又名“仰巴脚效应”，是指才能平庸者固然不会受人倾慕，而全然无缺点的人，也未必讨人喜欢。最讨人喜欢的往往是十分优秀，却又不小心“摔个仰巴脚”的人。

“金无足赤，人无完人”，每个人都不会相信世界上存在绝对完美的人或事。因此，成绩突出，却又拥有小瑕疵的人更容易获得大家的认同。人们在潜意识里钦佩这个人的优秀，又通过他的小缺点、小错误感受到这个人的真实，当然会对他予以信任和认同。换句话来说，微小的缺点从某种意义上来看，竟然成就了真正意义上的完美。

威廉斯是“出丑效应”最大受益者，身为著名小提琴家的他，从小就被冠以“提琴神童”的称号。他的内心一直被满满的优越感所充斥，暗自认为“与我成为朋友的人一定是同样优秀的人”。可是结果如何呢？虽然威廉斯周围出现过不少精英和人才，但是这些人却不屑与威廉斯结交，长大后的威廉斯陷入深深的苦恼之中。

最终，孤独的威廉斯向心理医生寻求帮助。心理医生听完他的成长经历后，微笑着开出了“药方”，只见“药方”上清清楚楚地写着：适当出丑，有助于人际成长。

威廉斯决定听从“医嘱”。在很多场合中，接受掌声与赞誉声的同时，威廉斯都会诚恳地说：“别看我小提琴拉得好，在其他方面我却十分差劲。从小到大，我一直是一个‘路盲’，迷路是家常便饭。”威廉斯本以为暴露出自己的“缺点”会让众人嘲笑，可是令他意想不到的结果出现了。很多人纷纷向他伸出友谊的橄榄枝，想与他成为朋友，这些人里不乏各界精英、音乐天才等。

脊背着地、四脚朝天地“摔”上一跤，自己眼中的出丑恰恰成为他人眼中的“可爱因素”。一般来说，与完美无缺的人交往容易产生自卑心理，那种惴惴不安的感觉会令对方望而却步。相反，做个聪明却有小缺点的人，不但能够赢得他人的信任，而且能够让对方产生好感。“仰巴脚”地出一次丑好处多多，收获自然也会多多。

借势原则——亲手搭建梦想的阶梯

登上成功的顶峰是怀揣梦想之人毕生追求的目标之一。然而，借助他人力量更好地实现梦想的道理并非人人都懂。心理学中有一个经典原则，那就是“借势原则”。它是指借助具有相当影响力的事件、人物、产品、传说、影视作品、社会潮流等，策划出对自己有利的方式。“借势原则”在现实中也有很多通俗的解释，比如借鸡下蛋、借花献佛、你搭台我唱戏等，不一而足。

看到这里，也许你想问：“成功和‘借势原则’有什么关系呢？”如今的社会讲究独立自主，很多人高喊着“自尊、自立、自强”的口号，然而这句口号并不代表万事靠己不求人。心理学家明确指出：“独立并不等同于完全不依靠他人、不借势获取成功。”从心理学的角度来看，独立就是不断提高、完善自己的过程，但是它与其他人会产生广泛、深入的联系。换句话说，不管你是什么样的人，为了实现自己的梦想，都会和别人产生千丝万缕的联系。

“人”字很简单，小学生都会写，可是又有多少人真正注意过这个字的结构呢？它是由一撇一捺支撑而成，暗示着每一个人都需要在他人的扶持和帮助中前进。换言之，想要成功，仅凭自己的努力是远远不够的，你需要学会借助他人的力量。

每一个渴望成功的人都应该问问自己：谁能够为我提供帮助？谁又能够成为我的贵人呢？借助别人的力量向上攀登是通往成功的一条捷径，你需要做的就是留意周围的社交圈子，主动挖掘、寻找和呵护与他人之间的关系，从而使自己得到进一步的提升。

玛丽是一个有心人，不管上司布置多么棘手的任务，她都能够出色地完成。

为了实现心目中的职场蓝图，玛丽有意地争取上司的欣赏。在每项任务开始之前，她都会加班加点，费心尽力地策划新点子，力求为整个项目锦上添花。玛丽想上司之所想，急上司之所急的做法让上司赞赏有加，有意对她进一步培养。

随着上司的指点，玛丽逐渐掌握了工作的精髓，并对每个项目的走向了然于胸。待到时机成熟时，玛丽立刻向上司毛遂自荐。上司早已充分了解玛丽各方面的能力，欣然应允。于是，玛丽顺利晋职，独当一面。

通过玛丽的经历我们可以看到，上司之所以能够提拔她，除了她努力展现自身能力之外，还因为她毫不“客气”地选择了借上司的“势”。她努力让上司相信自己是匹黑马，只要对自己稍加培养就能成大事。所以，当时机成熟时，玛丽才能够借机发力，晋职成功。

不要觉得“借势”是什么丢脸或者见不得光的事情，每个人都不可能凭借一己之力平步青云的，在不违反法律和道德准则的情况下，借势当然是一种聪明的选择。因为通往成功的道路并不是一片坦途，而是荆棘丛生。面对激烈的竞争，我们往往会举步维艰，如果这个时候有其他人提供帮助，那么我们就能顺利抵达成功的彼岸，成就自己的一片天空。

“借势原则”本来就是人际关系中的一项潜规则，尽管我们不愿意承认，但是大家交往的目的或多或少都跟它有关系。当然，很多借势现象表面上看似偶然，但是实质上是个人努力的结果。只有做一个“有心人”，在人际交往过程中努力培养和维护有利于自己的人际关系，别人才能为你雪中送炭、锦上添花。

互惠互利原则——在合作与竞争中取得共赢

我们都听过这样一则故事：

一个小男孩对山谷高喊："我讨厌你！我再也不要搭理你！"山谷回传了这个声音，"我讨厌你！我再也不要搭理你！"这个男孩难过极了。母亲问清楚他难过的原因后，让他对着山谷喊："我喜欢你，我愿意和你成为朋友。"山谷中立刻回响起一个声音："我喜欢你，我愿意和你成为朋友。"顿时，男孩明白了，只有你喜欢别人，别人才会喜欢你。

与人相处既简单又复杂，只有遵循"给予就会被给予，剥夺就会被剥夺；信任就会被信任，怀疑就会被怀疑；爱就会被爱，恨就会被恨"的"互惠互利定律"，我们才能与人和睦相处。

现如今，有些人谈及"竞争"就会为之色变，可是唯物主义辩证法明确指出，任何事物都会有正反两个方面，竞争也不例外。一方面，竞争可以激发个人前进的力量，对个人发展起到正面作用。另一方面，竞争的结果往往是出现胜负两方，如果胜出后骄傲轻敌，在日后的竞争中自然会失利；败者萎靡不振，则会带来极大的负面作用。如何面对竞争和竞争对手，在当今社会已经成为一门高深的学问。

谈完竞争，我们再来看看合作。在竞争激烈的社会中，合作已经成为竞争中获胜的法宝。只有顺应潮流，在公平竞争的同时建立互惠互利的合作关系，才能够让双方取得共赢。

玩过跳棋的人都知道，跳棋中六个人各执一色棋子，每个人的目的都是第一个到达终点，成为优胜者。如果一味地挡住别人的棋子，就会断了自己的棋路，最终失败；如果甘于为人搭桥铺路，别人则会率先到达目的地。因此，竞争与合作是并存的，如果你想取胜，既不能一心想着竞争，也不能一味地付出，在竞争与合作中求得发展才是正确的做法。

既然要优化自己的人际关系，那么我们就得学会与人在竞争中合作，下面这个故事当中的道理可是我们必学的功课之一：

梭子鱼、虾米还有天鹅是三个无话不说的好朋友。

一天，它们发现路上有一辆车，车上都是好吃的。三个好朋友都想："把这些吃的拉回家，以后我可就吃喝不愁了。"

于是，三个好朋友一起铆足了劲向前拉。可是，无论它们怎样使劲，车都纹丝不动。

怎么回事？原来它们都想把车子拉回自己家，天鹅使劲向上飞，虾米一步步向后退，梭子鱼拼了老命向前拉。究竟谁对谁错？大家谁也分不出来，反正它们全都用尽了力气。

可见，如果一个团队中不同人才的力气没有用到一块，那么合力就无从谈起，所有的努力也全部付诸东流。当今社会中，合作与竞争已经成为不变的主题。想要在竞争中取胜，就必须学会合作。只有双方互勉、互补、互利、互惠，才能在激烈的竞争中立于不败之地。

作为社会人，在交际过程中我们免不了会遇到竞争对手。只有用高瞻远瞩的目光审度未来，将不利因素化为合作的动力，我们才能在竞争中获得互惠互利的双赢局面。我们要试着在合作和竞争中微笑，学会拥抱竞争对手。这既可以让自己和对方获利，还可以赢得人心，在无形中壮大自己的力量，使"敌人"变成"贵人"。

微小让步定律——以退为进的智慧

前苏联驻日本使馆曾经看中长岛上的一块土地，计划用那块土地来筹建新的员工宿舍。按照当时的市价，那块土地的价格在35万～50万美元之间，可是卖主一口咬定要42万美元。

前苏联使馆在看上土地的同时，就支付了小额保证金，以此保证在谈判期间对方不会与第三方买家接触。于是，关于价格的谈判就在没有竞争对手的前提下展开了。前苏联使馆只出价12.5万美元，面对如此离谱的价格，卖主十分懊恼，暗自责怪自己因为贪图保证金的小便宜而不能继续找下一个买家。谈判僵持了很久，最后前苏联做出了小小的让步，将价格增至20万美元。价格有了小幅度提升，但是依然比市场价格低了很多。卖家心中虽然有些不悦，但心底想："20万美元终归是比12.5万美元高多了。"于是，前苏联轻而易举地买到了梦寐以求的土地。

心理学家曾经指出：微小的让步往往能够取得比很大的让步更好的效果，这就是心理学上的"微小让步定律"。前苏联使馆正是运用了这一定律，才使这项交易顺利完成。

美国心理学家曾经做过一项关于"微小让步定律"的实验：他们将志愿者分为三个小组，让他们与不同的人谈判。第一组成员做出了很大的牺牲，让出了自己的利益；第二组成员严防死守，丝毫不肯做出让步；第三组成员做出微小的让步。实验结束后，心理学家发现，与第三组谈判的人更愿意付出较高的代价来促成协议。虽然第一组做出了很大让步，但是让谈判者心怀疑虑，不愿意与之合作。于是，心理学家指出，进行微小的退让其实是以退为进的最好方式，它能够让你在最大限度上达到目的。

在现实生活中，微小的让步可以给他人带来愉悦的心理感受。有时，为了达到目标进行微小的让步，你就能够促成整项交易的成功。然而，让步也是一门深奥的功课。如何让步，什么时候让步，让步的尺度有多大等一系列问题都需要我们慎重考虑。

纵观社交场上的人际高手，那些成功的让步者都善于“放大”让步的程度，这种放大只限于夸张地、善意地渲染，以此赢得对方的信任，让对方愿意与之合作。比如说选购某件商品时，我们总会与商家讨价还价一番，最后对方往往“咬牙跺脚”地说：“算了，赔本我认了，只为交您这么一个朋友。”当我们美滋滋地拿着物品回家的时候，商家也会笑着盘算自己挣了多少利润。同样的，我们在与人合作时不要轻易地放弃最初的要求，这样才会使让步变得更加有意义。一旦进行了微小的让步，就要强调能够给对方带来何种利益，只有这样，对方回报的可能性才会大大增加。最后，用夸大的手法让对方明白为了促成这笔交易，自己已经放弃了很有价值的东西，对方感到切实得到了实惠，自然就会爽快签约，交易成功。

由此可见，适时、合理地退让不但不会给自己带来损失，而且会产生更加积极的影响力。因此，以退为进才是睿智人士的选择。古人云：“将欲取之，必先予之。”其实就是“微小让步定律”最好的阐释。交际如谈判，往来如生意。如果想在交际场上无往不利，你不妨运用一下“微小让步定律”，一定会让你如愿以偿。

超限效应——“半糖主义”更有“回忆”

不知道你喜不喜欢喝咖啡？大部分人喝咖啡都是要加糖的，否则会因为太苦而难以下咽。可是如果掌握不好剂量，一次放糖太多，咖啡就会甜得发腻，同样让人难以接受。所以咖啡放糖要适量，比如只放半勺或者半颗糖，有苦有甜才更加令人回味。而这也正是“半糖主义”的精华所在。

之所以要说“半糖主义”，是因为“糖”的多少直接影响着咖啡的口感。我们的人际关系其实也是一杯咖啡，我们为这杯咖啡所做的事情就是往咖啡里放糖。糖并不是越多越好的，什么事都应该有度，这样才能让人回味。一旦超过了某个度，就会让人觉得不舒服，甚至会让人产生想将你推开的感觉。

比如，你对某个人越是反复强调一件事情，他就越是反感，越不会照着你的意思去做。又比如，你对一个人过于热情，赞美的话滔滔不绝，对方说什么都唯命是从，你越是那样，对方越是觉得你烦人又虚伪。因为你给他的已经超过一个度，所以引起了对方的逆反心理。这也就是我们现在所要讲的“超限效应”，它的定义是：对人的某种刺激过多、过强，或者作用时间过久，往往会引起对方的心理麻木，使对方变得极不耐烦或进行消极抵抗。“超限效应”告诉我们：任何刺激都必须适度，否则就会适得其反。

有一次，美国著名作家马克·吐温到一所教堂里听牧师做号召募捐的演讲。

起初，他觉得牧师讲得好极了，打算等牧师讲完就去捐款。

然而，十分钟后，牧师的演讲还没有结束，他开始觉得这牧师真啰唆，决定只捐一些零钱就好了。

又是十分钟过去了，牧师还在喋喋不休，马克·吐温开始觉得气愤，他感觉牧师是在浪费大家的时间，于是他决定一分钱也不捐。

等到牧师的演讲终于结束了，马克·吐温的愤怒也已经达到了极限。为了泄愤，他不仅没有捐一分钱，还从盘子里偷走了两元钱作为心理补偿。

大家可能会觉得好笑。然而，作为一个大作家，马克·吐温当然不缺这两块钱，他之所以要偷走这两元钱，实在是因为牧师对他的刺激过度了，引起了他的反感和厌恶。马克·吐温此举固然有些搞笑，不过相信那些大发善心捐了款的人，也一定被这位唠叨的牧师折磨得不轻，也许捐款的数额也大幅度缩减了呢！

其实我们对于来自外界的刺激存在着一个容量，虽然每个人的容量不尽相同，但都是有限的，一旦外界刺激超过这一限度，形成“超限”现象，就会让人觉得不舒服，从而让人们对其心理上产生排斥，甚至叛逆和敌对。

在交际当中，我们的目的当然是为了获得对方的认可，而不是为了让对方反感，否则我们何苦浪费那么多的力气和唇舌，却得到费力不讨好的结局呢。可是我们往往控制不好，之所以尽力了却适得其反，是因为我们觉得给得越多越好，而忘了物极必反的道理。既然现在你已经懂得了超限效应的道理，那么就好好利用半糖主义去展开你的社交活动吧。记住，你是要让对方甜到，而不是要把对方腻着！

刺猬效应——每个人身上都有刺儿，当心被刺到

俗话说："距离产生美！"这可是有一定根据的，因为如果我们的视线离得太近，不仅看不清楚东西，自己还会变成"对眼"，美当然也就无从谈起了。人与人之间也是如此，要是靠得太近，那么什么隐私、毛病都会暴露出来，私人的空间都失去了，随之而来的就是一种压迫感，还谈什么美啊！所以，如果你想要交到贴心的朋友，那就需要明白，良好的人际关系不仅需要沟通和互动，同时还要彼此保持最安全的距离。

想要获得良好的人际关系，那就要懂得什么是能做的，什么是不能做的。靠得太近，让别人失去安全距离，就是你不该做的。彼此在各自的领域里不越轨，大家都会觉得这是一种尊重，我们把这种恰当的距离称为"豪猪距离"，也叫"刺猬效应"。

冬天的时候，一群豪猪或者刺猬都被冻得浑身打哆嗦，所以它们希望靠近一点，这样可以相互取暖。只不过这似乎是一件非常困难的事情，因为靠近就意味着它们彼此身上的刺儿会刺痛对方，所以这群带刺儿的家伙一会儿因为很冷而迅速靠近对方，靠近了又马上因为被刺痛而分开。就这样，它们靠近又分开，分开又靠近，直至找到一个适当距离，在这个距离内，它们既不会觉得很冷，又不会被对方身上的刺儿刺痛，于是相安无事地度过了一个又一个冬天。

人也跟刺猬一样，每个人身上都带着属于自己的刺，那是一种自我保护的本能。我们也像是一群过冬的刺猬，大家需要彼此交往、彼此靠近，

这样才能组成社会大家庭，但同时我们身上的“刺”又时刻提醒我们，我们每个人都是独立的个体，都需要个人空间，并且这空间在一般情况下是不容侵犯的。

大胡子马修是一个非常好的汽车司机。他常常一个人驾驶着汽车奔驰在高速公路上，这使他感到非常寂寞。还好，他每次路过一个村子时，都能看到一个小女孩儿拿着手绢朝他招手，这让他的心情好了很多。小女孩儿是那么崇拜他，他有时也会笑着向她招手。

有一天，马修要去这个村子送货，他想起了那个小女孩，于是就准备了一个玩具。当他走到小女孩身边，想要把玩具递给她的时候，那个小女孩儿竟睁大了眼惊恐地看着他。小女孩儿的母亲赶紧出来一把将女儿拉回了屋里，剩下马修一个人呆呆地站在那里。原来，小女孩被他的大胡子吓到了。

可能我们每个人心中都有一个“胆小的小女孩”，虽然我们喜欢周围的人，但是如果他们冲破我们的安全距离，我们的内心就会吓得“大哭”，也就失去了对对方原有的好感，甚至会产生厌恶和敌视的心理。想想看，你是否占用了好友过多的时间，而让他没有时间去做自己的事情呢？你是不是过于关心朋友的事情，甚至连对方跟女朋友吵架的细节都要问得一清二楚呢？你是不是太过自以为是，把什么事情都安排好，然后等着你的朋友夸奖你做得有多么体贴多么棒呢？

如果真的是这样，那么你就应该好好反思一下你是否已经超越了“豪猪距离”，让你周围的人感到不适和不悦了。要明白，不管是多么亲密的朋友，你都要留给对方空间和时间，让他们可以独立地思考，去做自己的事。建议可以给，关心可以有，但是一定要控制好距离，这样才是真正的体贴！